イタリアで一番おいしい家庭料理

シチリアの
おうちレシピ

佐藤礼子

講談社

はじめに——マンマから教わった、シチリアーナになれるレシピ

2005年、シチリア菓子を学ぶためにはじめてやってきたシチリア。
まばゆい太陽と大自然、そして豊かな食生活を垣間見るうちに
「もっとここでの生活を見てみたい」と思い、暮らし始めて早7年が経ちました。
「畑に行くよ！」という一言で、自家菜園に実る旬の野菜や果物を収穫し、
その食材を使ってマンマに昔の生活の話を聞きながら一緒に料理を作る日々。
夏には大量のトマトソースを作り、秋にはぶどうやオリーブの収穫をし、
クリスマスにはお菓子を一緒に作る。季節の食の行事に参加しながら、
地元に根づくシチリア食文化を学んできました。
シチリアには、「スローフード」という言葉も知らずに「スロー」な生活をしている人が
たくさんいます。「地産地消」とうたわずとも、それがふつうに成り立っています。
現地の新鮮な素材を使い、ときにはシンプルに、ときには手間をかけて、
食べる人の顔を思い浮かべながら愛情を込めて作るマンマの手料理……。
そんなシチリアの家庭に代々伝わる伝統料理に、とても魅力を感じました。

「食は幸せなり」

この本では、わたしが7年間のシチリア生活で、
たくさんのマンマから教わったシチリアの家庭料理を中心に、
日本の材料を使いつつなるべく現地の味に近づけるよう、作りやすいレシピを書き下ろしました。
マンマがそうしてきたように何度も何度も繰り返し、
食べる人の喜ぶ顔を思い浮かべながらたのしく料理してください。
そして、マンマが家族に幸せを与えてきたように、
この料理があなたの大切な人に幸せを運ぶことのお手伝いができたらうれしいです。
この本があなたのキッチンの片隅に置かれ、長く長く愛される本になりますように。

2012年8月　佐藤 礼子

写真：シチリアにて。私を支えてくれる人々や風景に囲まれて。

Contents

はじめに ——— 2
おいしいシチリア ——— 6
シチリア料理の定番食材 ——— 8
目からウロコのシチリアのパン粉使い ——— 10
万能に使えるシチリアのペースト＆ソース ——— 12

1 Antipasti　野菜と魚のシチリアのアンティパスティ

自家製ドライトマトを作ってみよう！ ——— 16
オレンジのサラダ　Insalata d'arance ——— 18
ドライトマトとアンチョビのじゃが芋サラダ　Insalata di patate con pomodori secchi e acciughe ——— 19
なすのインボルティーニ　Involtini di melanzane ——— 20
えびのレモンマリネ　Gamberi marinati al limone ——— 22
揚げなすのトマト煮 オレガノ風味　Melanzane fritte all'origano ——— 22
ドライトマトのリピエーニ　Pomodori secchi ripieni ——— 24
ブロッコリーのポルペッテ　Polpette di broccoli ——— 24
カポナータ アル フォルノ　Caponata al forno ——— 26
パンテッレリア風サラダ　Insalata Pantesca ——— 28
ムール貝のズッパ　Zuppa di cozze ——— 28
葉野菜のクタクタ煮　Verdure verdi bollite ——— 30
ズッキーニとかぼちゃのマリネ はちみつ風味　Marinato di zucchine e zucca al miele ——— 30
ドライトマトのブルスケッタ　Bruschette di pomodori secchi ——— 30
なすのアグロドルチェ　Melanzane in agrodolce ——— 30

2 Primi Piatti　伝統パスタから新スタイルまで　シチリアのプリミ ピアッティ

えびとアーモンドペーストのパスタ　Pasta con gamberi e pesto di mandorla ——— 36
クックルクー　Cuccurucù ——— 38
クスクス トラパネーゼ（魚のクスクス）　Cous cous trapanese ——— 40
ドライトマトとケッパーのおいしいペーストのパスタ　Pasta con pesto gustoso ——— 42
大地のスープ　Ghiotta di terra con uovo in camicia ——— 42
まぐろのからすみパスタ　Pasta con bottarga di tonno ——— 44
ケッパーとアーモンドのペーストのパスタ　Pasta con pesto di capperi ——— 46

春野菜のパスタ　Pasta con la frittedda ——— 47
レモンと小えびのリゾット　Risotto al limone con gamberetti ——— 48
まぐろとミントのラグーのパスタ　Ragù di tonno e mentuccia ——— 49
アンチョビとパン粉のパスタ　Pasta con acciughe e mollica ——— 52
えびとズッキーニのパスタ　Pasta con gamberi e zucchine ——— 53
きのこと豚肉のリゾット　ブロードいらず　Risotto ai funghi e carne di maiale senza brodo ——— 54
手打ちパスタ　ブジアーテのペースト　トラパネーゼ　Busiate con pesto trapanese ——— 56

3 Secondi Piatti　ハーブ使いに特徴あり！　シチリアのセコンディ ピアッティ

アーモンド入りシチリア風ポルペッテ（肉団子）　Polpette alla siciliana ——— 62
牛肉のカツレツ　パレルモ風　Cotoletta alla palermitana ——— 64
さばのトマト煮　オレガノ風味　Sgombro lardiato ——— 66
鶏肉のグリル　オレガノ風味　Petto di pollo alla griglia con origano ——— 66
いわしのアッリングアーテ　Sarde allinguate ——— 68
かじきのグリル　サルモリッリオソース　Grigliata di pesce spada con salmoriglio ——— 68
いかの香草パン粉オーブン焼き　Calamari impanati al forno con i profumi del mediterraneo ——— 69
まぐろのアグロドルチェ　Tonno in agrodolce ——— 69
いわしのベッカフィーコ［伝統バージョン＆マンマバージョン］　Sarde a beccafico ——— 72
農園のインボルティーニ　Involtini del fattore ——— 74
アランチーネ　Arancine ——— 76
パレルモ風　スフィンチョーネ　Sfincione palermitano ——— 77

シチリアのおいしい話

メルカートで野菜や果物を買ってみよう！ ——— 38
シチリアのまぐろの保存食品 ——— 44
伝統的なマッタンツァ漁について ——— 49
オリーブオイルについて ——— 54
パスタのゆで方とソースの関係 ——— 58
日曜日のごちそうとテーブルセッティング ——— 58
いわしのパスタのオーブン焼き ——— 59
リモンチェッロ ——— 64
B級グルメに出会いにパレルモの市場へ ——— 77

おいしいシチリア

シチリアの伝統家庭料理 Cucina Siciliana Casereccia

ハッ！とするほど色が濃く、ハリやツヤのある巨大な野菜や果物、ピチピチとはねる獲れたての魚、ドン！と置かれた肉の塊、地元でとれたナッツ類やケッパーなどのシチリア産の食材、地ワインに自家製のオリーブオイル……。シチリアのメルカート（市場）を訪れるたびに、この土地の食の豊かさに驚かされます。

シチリアは、地中海のほぼ真ん中に位置する地中海最大の島です。面積は九州の7割ほど。かつては、ギリシャ、ローマ、アラブ、ノルマン、スペインなど多くの民族が肥沃（ひよく）な大地と太陽に恵まれたこの土地を目指してやってきました。そして、それぞれの民族が文化の足跡を残していき、「シチリア料理」という独自の食文化が生まれました。

シチリアの食の豊かさは、歴史と風土の賜物。地域によって食文化が異なります。カターニアやシラクーサなどの東部はギリシャの影響が強く、トラーパニやパレルモなどの西部や、シャッカなどの南部はアラブの影響が残ります。沿岸部ではさばのトマト煮やいわしのフリットといった魚料理が、内陸部ではポルペッテやインボルティーニ（巻いて調理した料理）といった、多くの伝統料理が残っています。

魚料理ばかりと思われがちですが、その土地にあるものをバランスよく食べるのがシチリア人のスタイル。春には野の花が咲き乱れ、夏には真っ青な海とどこまでも真っ青な空、秋にはオリーブの収穫など、季節ごとの大自然を堪能できるのもシチリアの大きな魅力です。

本書を使用するにあたって
- 本書のレシピに表記された計量単位は、大さじ1は15㎖、小さじ1は5㎖です。
- オーブンなどの加熱時間、加熱温度はあくまでも目安です。機種によって異なるので、様子を見ながら調整してください。
- アーモンドは、皮つき生アーモンドの皮をむいて使っています。皮がついたまま使うと渋みが出てしまうので注意してください。
- **本書では、オリーブオイルはすべてエキストラバージンオリーブオイルを使用しています。**

シチリア料理がおいしい5つのポイント

1. 食材・調理法はいたってシンプル！
シンプルな調理法ばかりなので、食材そのもののおいしさが引き出されます。
定番の食材は厳選して。 ▶ 詳しくは **8** ページへ

2. オリーブやハーブ、柑橘類などを多用し、あっさりとした味つけに。
シチリア名産の食材のおかげで、全体的にあっさりとした味つけが
多いのもおいしさのヒミツです。 ▶ 詳しくは **8** ページへ

3. パン粉使い七変化。あるときは衣に、あるときはおいしい具材に。
パン粉をよく使うのも特徴の一つ。衣になるだけでなく具材としても大活躍します。
一度食べたらやみつきに！ ▶ 詳しくは **10** ページへ

4. 万能に使えるペーストやソースを活用。
あえるだけ、かけるだけ、など万能に使えます。伝統的なペーストやソースの種類が
多いのもシチリアならでは。 ▶ 詳しくは **12** ページへ

5. うまみを凝縮させたドライトマトが大活躍。
旬のトマトを一年中楽しむため、ドライトマトにして利用しています。
自家製でも作れます。 ▶ 詳しくは **16** ページへ

シチリア料理の定番食材

シチリア料理を作るときによく使う食材を紹介します。味の決め手ともなります。

ケッパー

塩漬けと酢漬けがありますが、シチリア料理には塩漬けを流水でさっと洗い流して使いましょう。ケッパーを入れる場合は、味つけのときに塩の量を減らすなど調整を忘れずに。小粒のものが、味が凝縮していておいしいです。激しくつぶれていないもの、保存状態がよいと考えられる塩が溶けすぎていないものを選んでください。パンテッレリア島の塩漬けケッパーが有名です。

アーモンド

シチリア料理では、アーモンドはコクと香ばしさを加えるために使われます。シチリアのアーモンドは「世界で一番おいしいアーモンド」といわれ、非常に栄養価が高いことでも知られています。特に南東部のアヴォラ村のものが有名。

皮のむき方
熱湯に5分つけてふやかす→親指と人差し指で皮をつまんで押し出す。

オリーブ

シチリア料理に欠かせないオリーブは、しぼってオリーブオイルとして、実は塩水漬けやオイル漬けにして料理に使います。味を引き締めたいときは苦みのあるグリーンオリーブを、ちょっと甘みを加えたいときはブラックオリーブをと使い分けましょう。

ドライトマト

太陽の光をたっぷりと浴びたドライトマトはうまみの宝庫。購入するときは、イタリア産で色あざやかなものを選びましょう。サンマルツァーノという品種を使った大きなものは煮込み用に、小さなものは甘みが強いのでペースト類やサラダに。

乾燥オレガノ

シチリアの乾燥オレガノは、乾いた山間部（シチリア中部から南部にかけて）で、初夏に花咲く前のつぼみがついたオレガノを摘んで乾燥させたもの。シチリアを代表する香りのハーブです。使うのはつぼみの部分のみ。必ず手でもんでから使ってください。

ハーブ（ミント、イタリアンパセリ、バジル）

シチリア料理では、準主役のハーブ。しっかりと味を感じるくらいにたっぷりと入れましょう。細かく切りすぎないのがシチリアっぽく仕上げるポイント。ミントは手でちぎると香りがより立ちます。スーパーで手に入るハーブでかまいません。

オレンジ

シチリアでは香りづけや臭み消しとしてよく使われるオレンジは、9世紀にアラブ人がもたらしたもの。シチリア全土でいろいろな品種のオレンジが栽培されていますが、特にカターニアの内陸部あたりが中が赤いブラッドオレンジの名産地で有名です。オレンジは、手に入るものでかまいません。

にんにく

トラーパニ近郊にある海の近くのヌビア村では、香り高い赤にんにくが作られています。ピリッとした辛みは地下に流れる海水がもたらすものだとか。シチリアでは、にんにくはアクセントとして使います。

アンチョビ

アンチョビは、片口いわしを開いて塩蔵し、塩を除いてオイル漬けにしたもの。そのままサラダやパニーニに、火を入れて溶かしてパスタのアクセントに使いましょう。シチリア西南部のシャッカ産が有名です。

まぐろの粉末からすみ

シチリアでからすみといえば、「まぐろのからすみ」。古代フェニキュア人から伝えられた保存食の一つ。まぐろの卵巣を塩漬けにして、水分を抜いてから数ヵ月乾燥させ、粉末にしたもの。パスタやサラダにおすすめ。イタリア食材店などで手に入ります。

目からウロコのシチリアのパン粉使い

パン粉が具材になったり、調味料にもなるのがシチリア流。シチリアのパン粉は、モッリーカ（生パン粉）とパングラッタート（細びきパン粉）の2種類があります。薪窯でパンが焼かれたのは、重労働ということもあり週に一度だけ。昔は小麦自体が大変貴重だったので、余ったパンは2種類のパン粉として、料理の衣や具材などとして活用されてきました。シチリアの伝統料理には、たくさんのパン粉料理があります。モッリーカは詰めもの中心に使われ、パングラッタートは詰めものや揚げ衣、炒めてパスタの上にかけたりして使われる万能選手。モッリーカはしっとり、パングラッタートはサクサクとしたそれぞれの食感がたのしめます。

パングラッタート　　モッリーカ

シチリアでは本来、セモリナ粉100％で作られたパンからパン粉を作りますが、本書ではモッリーカのかわりに日本の市販のしっとりとした生パン粉を、パングラッタートのかわりにフランスパンの外皮を削って使っています。

パングラッタートを作る場合は、写真のようにフランスパンの外皮をおろし器などで削ってください。1日常温において乾かしておくと、削りやすくなります。

パン粉を使ったバリエーションの一例

ぜひ、シチリアのパン粉の詰めものに挑戦してみてください。
インボルティーニ（巻いて調理した料理）によく使います。

なすの場合 ［モッリーカを使用］

なすのインボルティーニ用の詰めもの。チーズはパン粉に味をつけるためのパルミジャーノと、とろりとした食感を味わうためのセミハード系の2種類を使い、トマトとバジルでさっぱり感を出しています。しっとりするまでたっぷりのオリーブオイルを加えましょう。松の実と干しぶどうは、常にセットで使われます。なすのほか、赤・黄ピーマンに詰めてオーブンで焼いてもおいしいです。

レシピ なすのインボルティーニ［P20］

豚肉の場合 ［モッリーカを使用］

ドライトマトでパン粉にうまみを加えている変わり種の詰めもの。養豚が盛んな山の中で作られている料理とあって、材料はすべて山でとれるものばかり。ロースハムが入るのも養豚地ならでは。余ったらロールキャベツを作ってみましょう。具材からたっぷりのうまみがでるのでだしいらずで作ることができます。冷凍保存も1ヵ月可能。

レシピ 農園のインボルティーニ［P74］

いわしの場合 ［パングラッタートを使用］

いわしのベッカフィーコは、シチリア食材を使った「伝統バージョン」のほか、家々に伝わる「マンマバージョン」があります。伝統バージョンの詰めものは、レモンでいわしの臭みを消します。かつて冷蔵庫がなかった時代に庶民の魚だったいわしは、鮮度が落ちるのがはやく腐りやすかったため、松の実で消毒効果を、干しぶどうで甘さを加えて保存効果を高めるという、理にかなった調理法が発達しました。一方、マンマバージョンはオイルをほとんど使わず、オレンジの果汁と皮をたっぷりと使って、いわしのうまみを引き出します。いずれもベッカフィーコの詰めものですが、でき上がりの風味と食感はまったく異なるのがおもしろいところです。

レシピ いわしのベッカフィーコ［P72］

万能に使えるシチリアのペースト&ソース

シチリアには、サラダからパスタ、野菜料理、魚料理、肉料理など万能に使える伝統的なペースト&ソースがあります。フードプロセッサーがなかった時代はモルタイオ（イタリア式のすり鉢）で丁寧に時間をかけてつぶしてペースト状にし、瓶に詰めて煮沸消毒して保存。それは旬の味を一年中たのしむためであり、食材を無駄にしないための知恵でもあります。現代においてペースト&ソースは忙しいときの使えるお助け食材です。ポイントは、どれにもおいしいオリーブオイルを使うこと。爽やかな香りのものを使うと風味も増します。

サルモリッリオソース

ケッパーとアーモンドのペースト

ペースト トラパネーゼ

ケッパーとドライトマトのペースト

ペースト作りに使うのはイタリア式のすり鉢、モルタイオ。日本のすり鉢にくらべて深くできています。作ったペースト類は、瓶に入れ、表面をオリーブオイルで覆っておけば、冷蔵庫で約1週間は保存可能です。

ペースト&ソースのバリエーションの一例

パスタに魚に、肉にサラダに、パンに と……いろいろな料理に使えます。使い方はあなた次第。ぜひ、あなたなりのおうちレシピにいかしてください。

サルモリッリオソース

シチリアでは、グリルしたかじきのソースとして使われています。とろりとしたソースを作りたい場合は、オリーブオイルを少しずつ入れながらかき混ぜてください。さっぱりとしたソースを作る場合はオイルを一度に入れて軽くかき混ぜるだけ。肉や魚のソースはもちろん、シチリア版ドレッシングとしてサラダに活用してください。

`レシピ` かじきのグリル サルモリッリオソース [P68]

ペースト トラパネーゼ

地元では「にんにくパスタ」と呼ばれるパスタのソース。トラーパニ近郊のヌビア村で栽培される、香り高い赤にんにくをたっぷりと使うことからこの名前がつきました。モルタイオという、イタリア版のすり鉢ですりつぶして作ります。にんにくが味のポイントになるので、できれば国産の香りのよいものを使ってください。ほどよいつぶつぶ感を残すならすり鉢で、グリルしたパンのペーストとして使うなら、フードプロセッサーやミキサーでなめらかになるまでまわしてください。同じ材料なのにまったく違う食感のペーストができ上がります。

`レシピ` 手打ちパスタ ブジアーテのペースト トラパネーゼ [P56]

ケッパーとアーモンドのペースト

ケッパーの名産地、パンテッレリア島のケッパー農家から教わったレシピです。いろいろなシチリア食材を加えることでケッパーのうまみが引き立ちます。赤唐辛子のピリッとした辛さがより食欲をそそります。アーモンドの食感が軽く残るくらいの粗めのペーストにするのがおいしい。焼いた白身魚に、パン用のペーストとしても使えます。

`レシピ` ケッパーとアーモンドのペーストのパスタ [P46]

ケッパーとドライトマトのペースト

シチリアでは「Pesto Gustoso（ペースト グストーゾ）」、つまり「おいしいペースト」と呼ばれています。ドライトマトとケッパーという味の強い食材のまとめ役はパッサータ（トマトの皮と種をとり除いてこしたもの）。パッサータが入ることで強い食材同士が調和します。パスタのほか、ゆでたじゃが芋にからめたり、焼いたズッキーニやなすなどの野菜料理によく合います。

`レシピ` ドライトマトとケッパーのおいしいペーストのパスタ [P42]

1 Antipasti

野菜と魚の
シチリアの
アンティパスティ

夏の太陽にピカピカと輝く巨大なまん丸のなす、薄い緑色の長ーいズッキーニ、真っ赤に熟れたトマト、冬には山積みになったオレンジやカルチョーフィ……シチリアのメルカート（市場）には地元でとれた色とりどりの旬の野菜や果物が並んでいます。

シチリアではかつて肉料理はお祝いの晩餐にだけ並んでいました。ふだんの食卓を飾るのは自家菜園でとれた野菜、天気の良い日に海で獲った新鮮な魚を使った料理でした。そんなことから、シチリアのアンティパスティは、野菜と魚が中心です。

味のアクセントとして使うのは、シチリアの大地と太陽の恵みがギュッと詰まったシチリア食材。アーモンドでコクを出し、ケッパーでは独特の風味を、うまみの宝庫のドライトマトは具材として、もどし汁はスープとして上手に利用します。素材のおいしさを引き出したシチリアのアンティパスティを紹介します。

さあ、アペリティーヴォ（食前酒）を片手に……
ブォナペティート
Buon appetito!!

アンティパスティ［Antipasti］……「食事の前」という意味で「前菜」のこと。
食事の前に食欲を増進させるためのちょっとしたおつまみです。

1. 冬のメルカートにはあざやかなオレンジが山積み！タロッコ、サングィネッロなど、いろんな品種があります。 2. 秋は家族総出でオリーブを収穫します。 3. キラキラと宝石のように輝くオリーブ。 4. できたてのオリーブオイルは最後に湯気が立ちのぼります。きれいな色でしょう？ 5. トラーパニの農民市場に並ぶ冬を代表する野菜カルチョーフィ（アーティチョーク）。 6. 5月のパレルモのバッラロ市場。

自家製ドライトマトを作ってみよう！

具材として、だしとして、シチリア料理に大活躍のドライトマト。旬の時期に手作りしてみましょう。

自家製ドライトマト
Pomodori secchi fatti in casa

材料（ミディトマト20個分）

ミディトマト（プチトマトよりひとまわり大）…20個
▶ ヘタをとり、種をとりやすいように上下2つに切る。
塩……小さじ1

作り方

1. トマトはキッチンペーパーを敷いたバットの上に切り口を下にして並べ、軽く手で押しつけるようにして水けをきる（写真A）。
2. 切り口が上になるようにひっくり返して軽く塩をふり、10分そのままにする（写真B）。
3. 塩の脱水効果で出てきた水分を、キッチンペーパーでよくふく（写真C）。
4. 天パンにクッキングシートを敷き、切り口を上にしてトマトを並べる。140℃のオーブン（コンベクションタイプ）で1時間焼く（写真D）。
5. さらにセミドライに仕上げたい場合は120℃のオーブンで10分、ドライに仕上げたい場合は15分焼く（写真E）。そのまま冷ます。

A. ペーパーに軽く押しつける。

B. 全体に塩をふる。

C. 種の部分はとりきらない程度に。

D. まだ水分が残っている状態。

E. 用途に応じてさらに焼く。

作るうえでのポイント

ドライトマトの乾かし具合は、写真Dの段階で調節を。長期保存をしたい場合は、きちんと水分が抜けるまで焼いてください。パスタなどに使う場合は、セミドライが適しています。

ドライトマトのもどし方＆保存方法

もどし方……ドライトマトをひたひたの熱湯に15分つけてもどす。もどし汁は、スープやリゾットに使えます。
保存方法……水分をきちんと抜いたドライタイプは、保存袋などに入れて冷蔵庫で1ヵ月、冷凍なら1年保存が可能です。セミドライタイプは冷蔵庫で約1週間、冷凍なら1年保存が可能。

ドライトマトのオイル漬けを作る場合

煮沸消毒した瓶に熱湯でもどしたドライトマト、にんにく（皮をむく）、アンチョビ、粒のままの黒こしょう、乾燥オレガノ、塩漬けケッパー（流水で塩を洗い流して軽く絞る）、粗みじん切りにしたイタリアンパセリを重ねるように入れる。オリーブオイルをひたひたに注ぎ、2日くらいおく。分量の細かいルールはありません。割合はお好みでオーケー。自家製は自分の好みで作れるのも魅力です。常温で約2週間、冷蔵庫で約1ヵ月保存が可能。そのまま、つまみやパスタにからめても美味。

ドライトマトのパテを作る場合

ドライトマト30g（戻したもの）、塩漬けケッパー20g（流水で塩を洗い流して軽く絞る）、にんにく1かけ（皮をむく）、乾燥オレガノ小さじ2（手でもむ）、黒こしょう少々、オリーブオイル大さじ6、お好みで赤唐辛子（種をとる）を、フードプロセッサーでなめらかになるまでまわす。小さな瓶に入れ、酸化防止のためにオリーブオイルを表面が隠れる程度に注いで密閉する。この状態なら、冷蔵庫で約2週間保存が可能。パンに塗ったり、肉や魚のグリルのソースとしてもおすすめです。

オレンジのサラダ
Insalata d'arance

オレンジが旬の、冬のシチリアのサラダ。おいしい塩とオリーブオイルを使うのがポイントです。オレンジが甘いので、塩は少し多めかな？というくらいかけます。

材料（2人分）

オレンジ……2個（300g）
▶上下を切り落とし、皮を縦に厚めにむく→5㎜幅の輪切り＆ざく切り

赤玉ねぎ……¼個（50g）
▶皮をむいて薄くスライス→水に15分さらす→キッチンペーパーで水けをきる

ブラックオリーブの塩水漬け（種なし）……15g
▶輪切り

イタリアンパセリ（葉）の粗みじん切り……小さじ1
塩、黒こしょう……各適量
オリーブオイル……大さじ1〜2

作り方

1. 皿にオレンジを盛りつけ、赤玉ねぎ、ブラックオリーブ、イタリアンパセリをちらす。
2. 上から、塩、黒こしょうを多めにふり、オリーブオイルを全体にまわしかける。

ドライトマトとアンチョビのじゃが芋サラダ
Insalata di patate con pomodori secchi e acciughe

ドライトマトとレモン汁の心地よい酸味に、アンチョビのうまみが加わったさっぱりとした味。冷やしておいしい、ドライトマトが主役のじゃが芋サラダ。

材料（2人分）

じゃが芋（男爵）……2個（300g）
　▶皮をむき、一口大に切る
ドライトマト……10g
　▶ひたひたの熱湯に15分つけてもどす→水けをきって、みじん切り
アンチョビ……2枚　▶粗みじん切り
イタリアンパセリ（葉）の粗みじん切り……小さじ1
レモン汁……½個分（30㏄）
レモンの皮……½個分
　▶皮の表面をおろし器ですりおろす
黒こしょう……適量

作り方

1. じゃが芋をたっぷりの湯で煮くずれない程度の固さにゆで、水けをきる。
2. ボウルに1、ドライトマト、アンチョビ、イタリアンパセリを入れ、木べらで全体を混ぜてなじませる。
3. レモン汁を加えて、さらによく混ぜる。
4. 器に盛りつけ、レモンの皮のすりおろしをちらし、好みで黒こしょうをふる。

Memo→ドライトマトのもどし汁は、ブロード（だし汁）のかわりにいろんな料理に使えます。

パン粉の詰めものが具材になった。
仕込んでおけば、あとは焼くだけ。

なすのインボルティーニ
Involtini di melanzane

インボルティーニは、巻いて調理した料理のこと。
シチリアには、なすやいわしなど、いろんなインボルティーニがあります。
巻く食材によって、中の詰めものの材料や味つけがかわります。

材料（4人分）

米なす（直径10cmくらい）…… 2個（600g）
　▶ ヘタをとり、2cm幅の輪切り
オリーブオイル…… 適量
塩…… 少々
［詰めもの］
　生パン粉（しっとりタイプ）…… 50g
　松の実…… 大さじ1
　干しぶどう…… 大さじ½
　チーズ（カチョカヴァッロなど溶けるタイプのセミ
　　ハード系）…… 20g　▶ みじん切り
　パルミジャーノのすりおろし…… 大さじ1
　トマト…… 1個（170g）
　　▶ ヘタをとり、5mm角切り
　バジル（葉）…… 5枚　▶ 粗みじん切り
　にんにく…… 1かけ　▶ みじん切り
　オリーブオイル…… 大さじ3〜5
パッサータ…… 160cc
パルミジャーノのすりおろし…… 大さじ1
バジル（葉・仕上げ用）…… 適量　▶ 粗みじん切り
オリーブオイル（仕上げ用）…… 適量

作り方

1. 天パンにオリーブオイルを塗りのばし、塩をふり、なすを並べる。なすの表面にオリーブオイルをまわしかけ、塩をふる。
2. 200℃のオーブンで10〜15分、なすがしんなりするまで焼く（写真A）。
3. 詰めものを作る。オリーブオイル以外の詰めものの材料をボウルに入れてよく混ぜ合わせる。
4. 全体がしっとりするくらいにオリーブオイルを加えて混ぜる。
5. オーブン皿全体にパッサータを薄く塗りのばす（分量外）。
6. 詰めものを軽くにぎってまとめ（写真B）、なすの上にのせて二つ折りにする（写真C）。
7. 写真Dのようにオーブン皿に並べる。並べ終わったら、パッサータをかけ、木べらでならす。パルミジャーノとバジルをちらしオリーブオイルを軽くひとふりして、180℃のオーブンで15〜20分焼く。

Memo→パッサータとは、トマトの皮と種をとり除いてこしたもの。デパートや輸入食材店などで購入できます。

A. なすはこのくらいまでオーブンで焼く。

B. なす1枚に詰める量はひとにぎりが目安。

C. なすの上に詰めものをのせて二つ折りに。

D. パッサータはかけすぎないように注意。

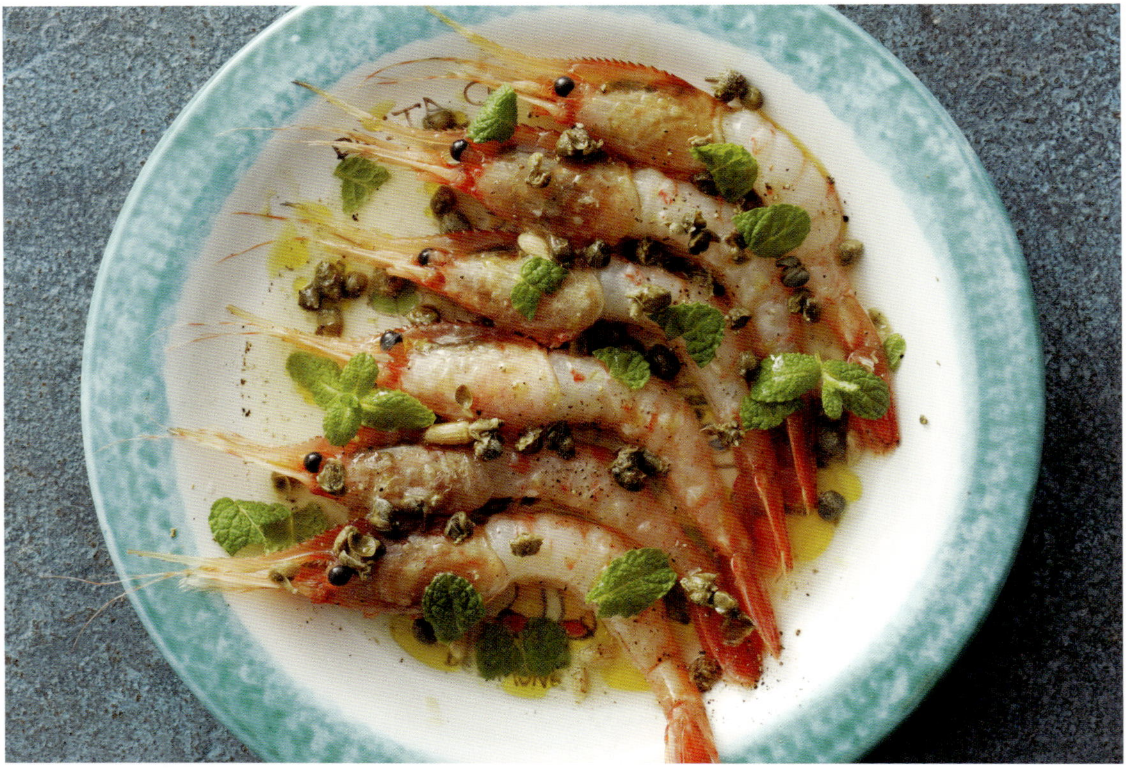

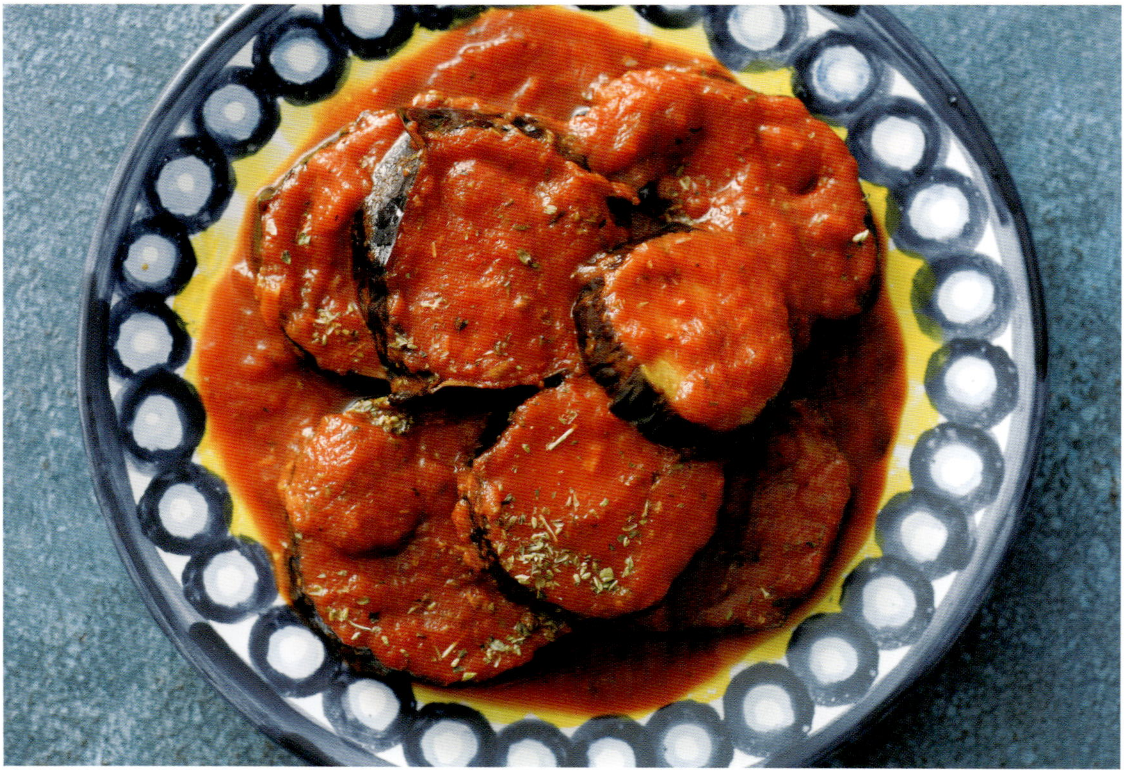

えびのレモンマリネ
Gamberi marinati al limone

生魚を食べないシチリアでは、えび、いわしなどをレモン汁でマリネして臭みをとります。
レモン汁でマリネするので酸味も爽やか。ケッパーは塩のかわりに。
ケッパーとミントはえびと一緒に召し上がれ。

材料（2人分）

ぼたんえび（または甘えび）……100g
　▶頭と尾を残して、殻と背わたをとる
レモン汁……½個分（30㏄）
塩漬けケッパー……大さじ1
　▶水で軽く塩を洗い流す→軽く絞る
ミント（葉）……10〜15枚　▶使う直前に手でちぎる
黒こしょう……少々
オリーブオイル……大さじ1

作り方

1. 器にえびを並べ、レモン汁をかけて全体にケッパーとミントをあしらう。
2. 軽く黒こしょうをふり、冷蔵庫で3時間以上ねかせて味をなじませる。
3. 食べる直前にオリーブオイルをまわしかける。

揚げなすのトマト煮 オレガノ風味
Melanzane fritte all'origano

オレガノの香りが爽やかな夏の一品。
オレガノは必ず手でもみながら入れるのが、香りを出すポイント。

材料（2人分）

米なす……1個（300g）
　▶ヘタをとり、1.5㎝幅の輪切り
サラダ油（揚げ油用）……適量
塩……少々
[トマトソース]
　にんにく……1かけ
　　▶皮をむき、すり鉢などで粗くすりつぶす
　パッサータ（P21参照）……200㏄
　水……100㏄
　塩……2つまみ
乾燥オレガノ……小さじ1

Memo→にんにくは、すりおろすよりもすりつぶして使うのがベスト。面倒なら、パッサータとにんにくをミキサーでまわしてもよいです。

作り方

1. フライパンに2㎝深さまでサラダ油を入れて180℃に熱し、なすをこんがりと揚げる。油をよくきり、軽く塩をふる。
2. トマトソースを作る。フライパンににんにく、パッサータ、分量の水、塩を入れてよく混ぜ、弱火にかける。
3. ふつふつと沸いてきたら、1を1枚ずつ加える。オレガノの半量を手でもみながら加える。トマトソースをなすにかけながら、味を含ませるように弱火で10分煮る。
4. 火からおろして器に盛り、残りのオレガノを手でもみながら加える。

ドライトマトのリピエーニ
Pomodori secchi ripieni

リピエーニは、詰めものをした料理のこと。シチリアの太陽の光をたっぷりと浴びた大きなドライトマトにパン粉の詰めもの。シチリアの田舎料理の定番です。

材料（6個分）

ドライトマト（大きめのもの）……6個（35g）
　▶ひたひたの熱湯に15分つけてやわらかめにもどす→水けをきる
[詰めもの]
　細びきパン粉（作り方 P10参照）……50g
　パルミジャーノのすりおろし……15g
　塩漬けケッパー……10g
　　▶水で軽く塩を洗い流す→軽く絞る
　イタリアンパセリ（葉）の粗みじん切り……小さじ2
　黒こしょう……適量
　オリーブオイル……大さじ3

作り方

1. 詰めものを作る。ボウルに細びきパン粉、パルミジャーノ、ケッパー、イタリアンパセリを混ぜ合わせる。黒こしょうをふり、オリーブオイルを加えて混ぜる。
2. ドライトマトの上に1をたっぷりのせる。クッキングシートを敷いた天パンに並べる。
3. オリーブオイル（分量外）をひとふりし、180℃のオーブンで10〜15分、パン粉が軽く色づくまで焼く。
4. 上にイタリアンパセリ（分量外）をふる。

ブロッコリーのポルペッテ
Polpette di broccoli

ポルペッテとは団子のこと。一見地味な緑のボール……
口にほおばると、そのおいしさにびっくり！ アペリティーヴォ（食前酒）と一緒に揚げたてアツアツを！ 衣には、細びきパン粉を使ってください。

材料（2人分）

ブロッコリー……約½房強（150g）　▶小房に分ける
溶き卵……½個分
パルミジャーノのすりおろし……20g
生パン粉……30g
イタリアンパセリ（葉）の粗みじん切り……小さじ1
塩……少々
黒こしょう……少々
[衣]
　細びきパン粉（作り方 P10参照）……適量
　サラダ油（揚げ油用）……適量

作り方

1. ブロッコリーはつぶれるくらいの固さに塩ゆでにする。水けをきって冷まし、包丁で細かく切る。
2. ボウルに1、溶き卵、パルミジャーノ、生パン粉、イタリアンパセリを入れ、手でよく混ぜる。味見して塩、黒こしょうで味を調える。生地がやわらかいようなら生パン粉を、固いようなら溶き卵を足す。
3. 手に水をつけ、2を直径3㎝の小さなボール形にまとめる。
4. 細びきパン粉を全体によくまぶす。衣がまばらだと割れる原因になるので注意。
5. サラダ油を180℃に熱し、香ばしく揚げる。

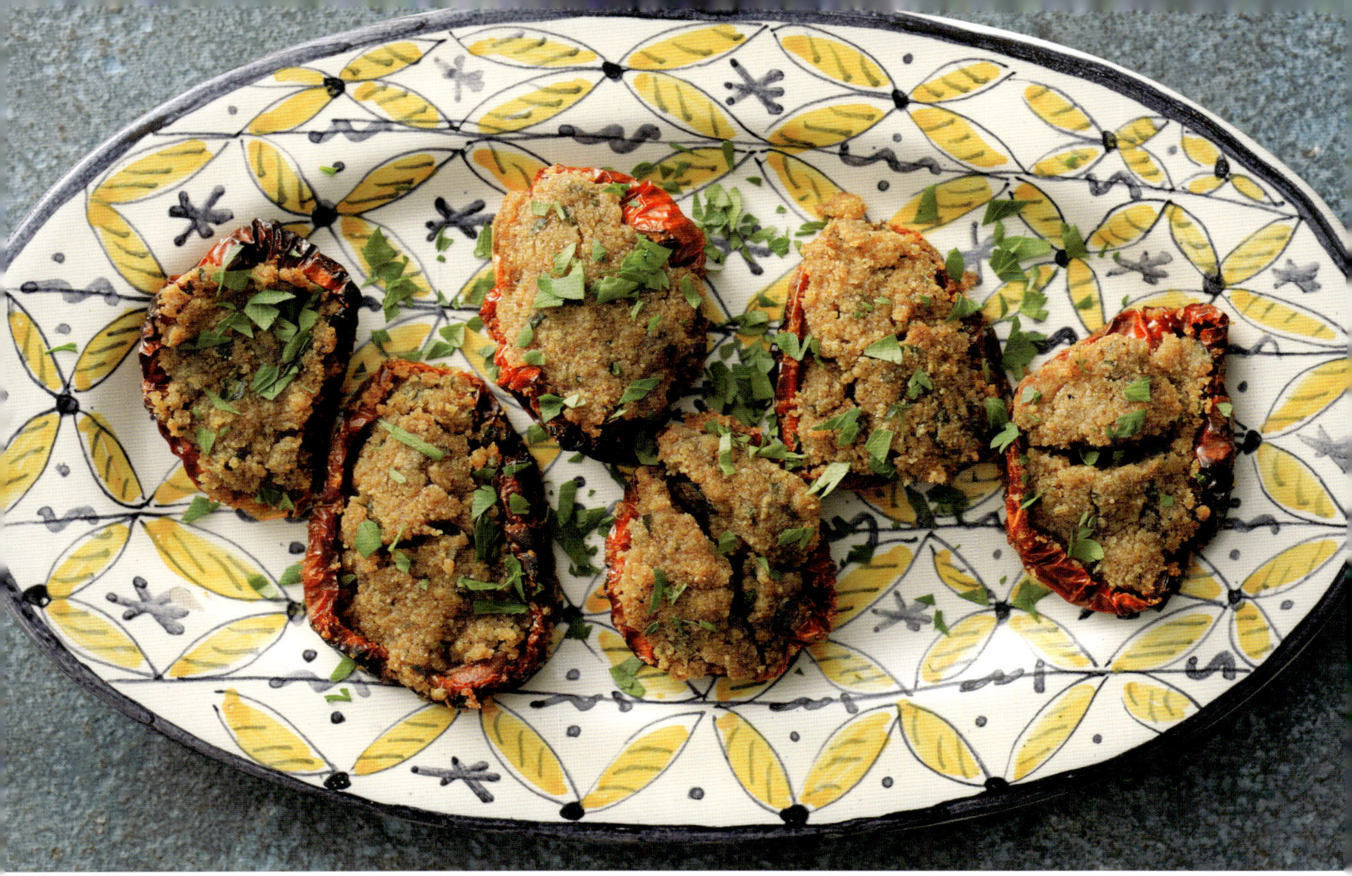

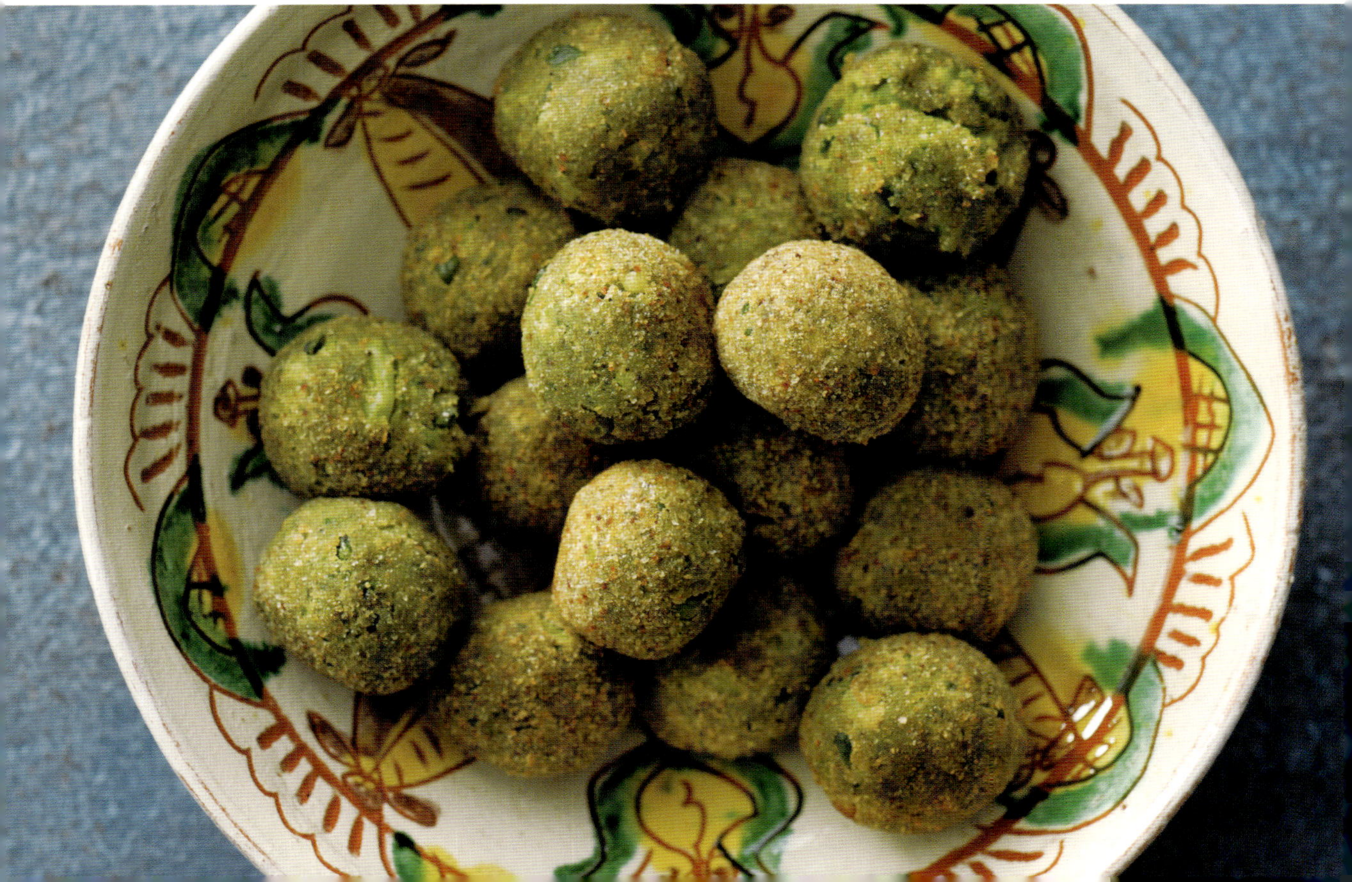

カポナータ アル フォルノ
Caponata al forno

おいしい夏野菜を瓶詰にして、冬まで保存もできます！
オイルの入らないカポナータを、田舎のおばあちゃんから教わりました。
保存性を高めるため、ビネガーと砂糖をしっかり入れて。食べごろは味がなじんだ翌日です。

材料（作りやすい分量）

なす……4個（450g）
▶ ヘタをとり、一口大に切る

玉ねぎ……1個（200g） ▶ 一口大に切る

赤ピーマン……½個（80g） ▶ 一口大に切る

黄ピーマン……½個（80g） ▶ 一口大に切る

セロリ（茎）……½本（70〜80g）
▶ 筋をとり、1cm幅に切る

皮つき生アーモンド（皮のむき方 P8 参照）
……40g

塩漬けケッパー……大さじ2
▶ 水で軽く塩を洗い流す→軽く絞る

パッサータ（P21参照）……500cc

塩……小さじ½

グラニュー糖……50g

ワインビネガー（赤または白）……50cc

作り方

1. バットに野菜類を入れて、手で均等によく混ぜる。
2. アーモンド、ケッパーをのせ、パッサータをかけて塩をふる（写真A）。
   1回目……180℃のオーブンで、約20分焼く。取り出してかき混ぜる（写真B）。
   2回目……180℃のオーブンで10分焼く。取り出してかき混ぜる（写真C）。
   3回目……150℃のオーブンで10〜15分焼く。
3. 熱いうちにグラニュー糖とワインビネガーを加え（写真D）、全体をよくかき混ぜて冷ます。

Memo→野菜の状態やオーブンの機種によって、焼く時間は微調整してください。オイルを使わない作り方なので、夏の旬の食材があるときに大量に作って保存するのに適しています。

保存用カポナータの瓶詰の作り方
適当な大きさの瓶を10分以上煮沸消毒する。カポナータを口ぎりぎりまで詰めて、ふたを閉める。大きな鍋に瓶ごと入れ、タオルなどで隙間を埋めて水を瓶のふたの下くらいまで入れ、中火にかける。沸騰したら火を弱めて、30分ほど火を通す。瓶を取り出し、ふたを閉め直す。逆さにして脱気しながら冷ます。

A. パッサータをかける。

B. オーブンで1回目に焼いたあと。

C. 2回目に焼いたあと。野菜からも水分が出てくる。

D. 3回目に焼いたあとに、グラニュー糖とワインビネガーを加える。

オイルを使わない！
オーブンで作るカポナータ

パンテッレリア風サラダ
Insalata Pantesca

トラーパニ南沖に浮かぶアフリカにほど近いパンテッレリア島は、世界に知られるケッパーの名産地。「パンテッレリア風」と呼ばれるメニューには必ずケッパーが入ります。

材料（2人分）

プチトマト……5個
　▶ ヘタをとり、半分に切る
赤玉ねぎ……¼個（50g）
　▶ 薄くスライスして水にさらす→水けをきる
好みのサラダ菜（レタス、マーシュ、サラダ菜など）
　……50g　▶ 一口大に手でちぎる
塩漬けケッパー……大さじ2
　▶ 水で軽く塩を洗い流す→軽く絞る→みじん切り
グリーンオリーブの塩水漬け（種なし）……15g
　▶ 半割り
塩、黒こしょう……各少々
赤ワインビネガー……適量
オリーブオイル……適量
乾燥オレガノ……大さじ½

作り方

1. ボウルにトマトからグリーンオリーブまでの材料を入れて、塩、黒こしょう、赤ワインビネガー、オリーブオイル、オレガノの半量を加える。ボウルをあおりながら、ふんわりと混ぜる。
2. 器に盛り、残りのオレガノを手でもみながら加える。

ケッパーは、シチリアの乾いた土地に育つフウチョウボク属の低木の花のつぼみを収穫して、塩漬けまたは酢漬けにしたもの。特にパンテッレリア島のケッパーは味が濃く風味も強いため、上質とされています。

ムール貝のズッパ
Zuppa di cozze

ムール貝のエキスがたっぷりと出たスープをたのしむ料理。
こんがりと焼いたパンをズッパ（スープ）に浸してどうぞ。

材料（2人分）

ムール貝……350g
　▶ ムール貝を掃除する→ひげを引っ張って抜く→表面についている汚れをたわしでこすり落とす→流水でよく洗う
オリーブオイル……大さじ1
塩……少々
白ワイン……30cc
にんにく……1かけ　▶ 皮をむいて粗みじん切り
イタリアンパセリ（葉）の粗みじん切り……小さじ1
トマト……1個（170g）　▶ 湯むきして粗みじん切り
バゲット（1cm幅にスライス）……適量
にんにく（トースト用）……½かけ

作り方

1. フライパンにムール貝を並べ、オリーブオイルをまわしかけ、ふたをしてムール貝を中火で蒸す。ムール貝の口が開いたら、塩、白ワインを加えて、しっかりアルコール分をとばす。
2. にんにく、イタリアンパセリ、トマトを加えてから、ムール貝の半分の高さまで水を入れて弱火で5分煮る。
3. バゲットをトースターでこんがりと焼き、にんにくをこすりつける。
4. 器に2を盛りつけ、3を添える。

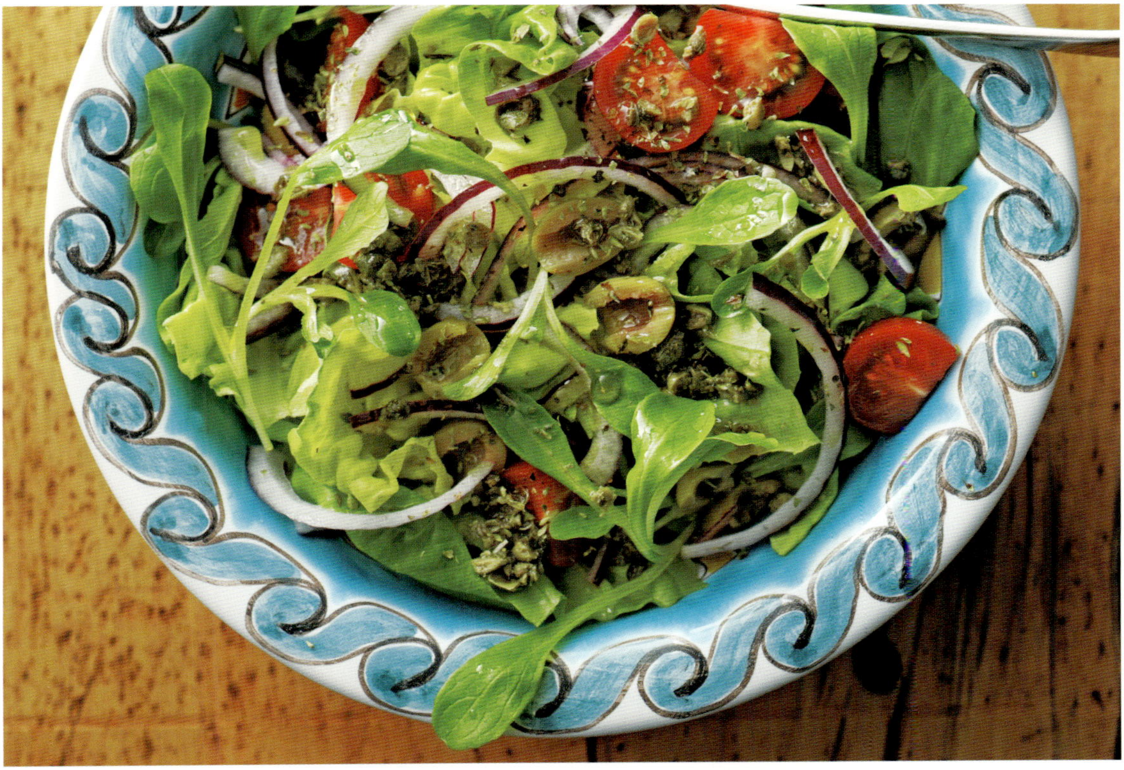

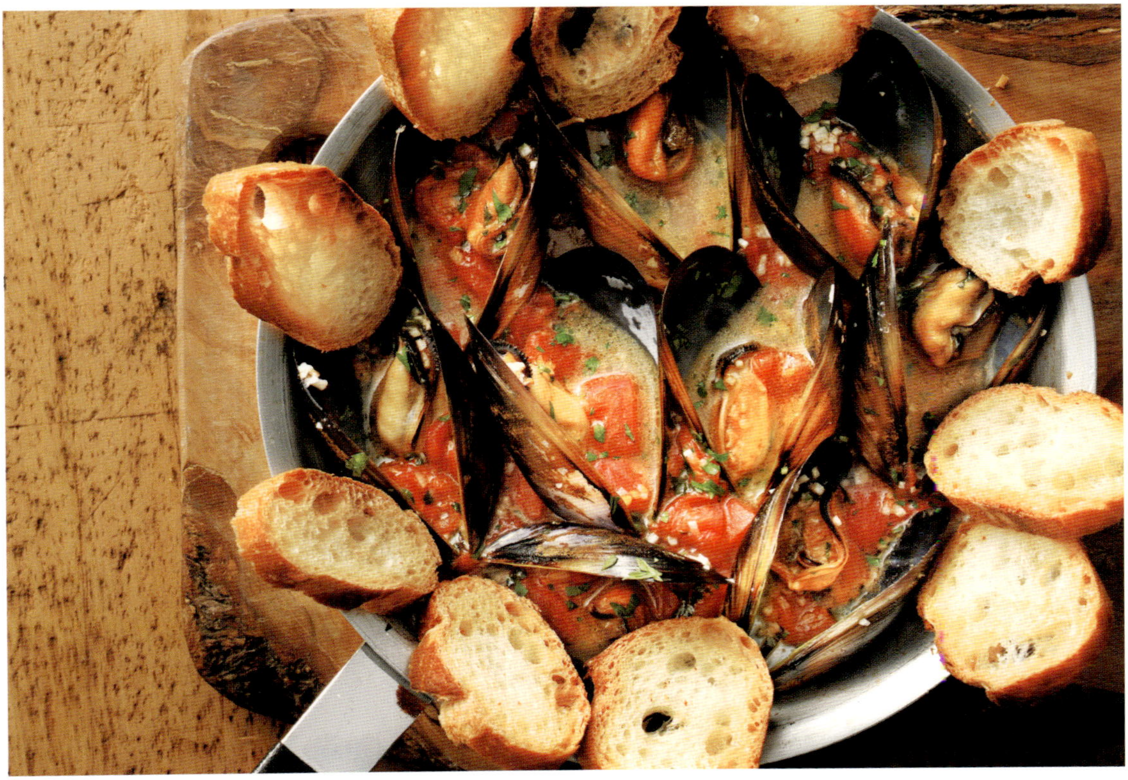

葉野菜のクタクタ煮

ズッキーニとかぼちゃの
マリネ はちみつ風味

ドライトマトのブルスケッタ

なすのアグロドルチェ

葉野菜のクタクタ煮
Verdure verdi bollite

シチリアで定番の葉野菜の食べ方。クタクタに煮てギュッとレモンを絞り、
スープごとパンに浸して食べます。野菜の栄養が丸ごと食べられます。

材料（2人分）

季節の葉野菜（小松菜、スイスチャードなど）……300g
　▶1枚ずつはがして流水で洗う
レモン……½個
オリーブオイル……適量
バゲット（1㎝幅にスライス）……4枚

作り方

1. 葉野菜はたっぷりの湯（水1ℓ：塩10g）で、クタクタになるまで中火でゆでる。
2. 深めの器に1をゆで汁ごと盛り、レモンを絞り、オリーブオイルをかける。
3. バゲットを添えて、浸しながら食べる。

Memo→シチリアでは、ビエトラなどの葉野菜で作ります。

ズッキーニとかぼちゃのマリネ はちみつ風味
Marinato di zucchine e zucca al miele

シチリアは、はちみつの隠れた名産地。オレンジやレモンの花からとれたはちみつは、
爽やかな香りがします。シチリアの香りが食卓に広がります。

材料（2人分）

ズッキーニ……1本（200g）　▶3㎜幅の輪切り
かぼちゃ……¼個（約400g）
　▶皮をむき、種をとり、5㎜幅にスライス
オリーブオイル……適量
塩……少々
[マリネ液]
　赤ワインビネガー……200cc
　はちみつ……大さじ5
　黒こしょう……少々
　にんにく……3かけ　▶皮をむいてつぶす
　オリーブオイル……大さじ1

作り方

1. フライパンに5㎜深さまでオリーブオイルを入れて熱し、ズッキーニとかぼちゃを中火で軽く色づくまで焼く。器に盛りつけ、塩をふる。
2. マリネ液を作る。ボウルに赤ワインビネガー、はちみつ、黒こしょうを入れ、よく混ぜ合わせる。
3. 別のフライパンにオリーブオイルとにんにくを入れ、にんにくが軽く色づくまで中火で炒める。2を加え、強火にして一煮立ちさせ、ビネガーの酸味をやわらげる。
4. 1の器にあたたかい3を野菜が浸るくらいに加え、常温で2～3時間おいて味をなじませる。

ドライトマトのブルスケッタ
Bruschette di pomodori secchi

ドライトマトの意外な活用法。ドライトマトのもどし汁は、捨てずにスープなどに使えます。
玉ねぎが辛い場合は、水に10分ほどさらすと辛みがとれます。

材料（4人分）

ドライトマト……20g
　▶ひたひたの熱湯に15分つけてもどす → 粗みじん切り
ドライトマトのもどし汁……大さじ3
玉ねぎ……1/2個（100g）　▶粗みじん切り
にんにく……1かけ　▶皮をむいて粗みじん切り
イタリアンパセリ（葉）の粗みじん切り……小さじ1
乾燥オレガノ……小さじ2
赤唐辛子……1/2本　▶小口切り
オリーブオイル……大さじ3〜4
バゲット（1.5cm幅にスライス）……8枚
にんにく（トースト用）……1かけ

作り方

1. ボウルにドライトマトからオリーブオイルまでを入れて、スプーンで混ぜる。冷蔵庫に30分入れて味をなじませる。
2. バゲットをトースターでこんがりと焼く。にんにくをこすりつけて1をのせる。

ドライトマトは、サンマルツァーノをドライにしたものとプチトマトが有名なパキーノ村のポモドリーノ（プチトマト）をドライにしたものの2種があります。パキーノ村のものは甘みが強く、パスタやサラダに万能。細長いサンマルツァーノは主にソースに使います。

なすのアグロドルチェ
Melanzane in agrodolce

「アグロドルチェ」は「甘酸っぱい」という意味。ビネガーと砂糖をたっぷり使った
甘酸っぱい料理は、暑さが厳しいシチリアに古くから伝わる長期保存の方法です。

材料（2人分）

米なす……1個（約300g）
　▶ヘタをとり、皮をむく → 3cm角に切る
オリーブオイル（揚げ油）……適量
塩……少々
にんにく……1かけ　▶皮をむいてつぶす
グラニュー糖……大さじ1
赤ワインビネガー……50cc
ミント（葉）……10〜15枚　▶手でちぎる

作り方

1. フライパンにオリーブオイルを熱し、なすが軽く色づくまでしっかり焼くように揚げ、取り出す。キッチンペーパーでよく油をきり、上から軽く塩をふる。
2. フライパンの中に残っているオイルをふきとり、1を戻す。にんにく、グラニュー糖を加えて、からめるように中火で炒める。赤ワインビネガーを加え、強火にしてよくかき混ぜながら炒める。
3. ミントを加え、ひと混ぜしたら火からおろす。

2 Primi Piatti

伝統パスタから新スタイルまで

シチリアの
プリミ ピアッティ

「結婚してから50年、お昼にパスタを食べなかった日は一度もないわ」というのは、マンマの口ぐせ。お昼にしっかりとパスタを食べ、夜は野菜の料理やスープなど軽めにすませることが多いシチリア。貴族社会と庶民との貧富の差が激しかった昔も、それがなくなった今も、パスタは元気の源です。

伝統的なペーストを使ったパスタ料理が多いのも特徴です。旬の素材をおいしく保存するために、最盛期の間に収穫してそれを一年中たのしむべくペースト作りに励みます。

この章では、ケッパーやドライトマト、アーモンドなどシチリアを代表する食材で簡単にできるペーストを紹介します。レモンはほどよい酸味と爽やかさを、アーモンドはカリカリした食感と香ばしさを、ケッパーはシチリアの大地の香りを、アンチョビは独自のコクと塩けを、ミントは清涼感を、上からかけるパン粉は食感のアクセントに、といった具合にシチリア食材の新しい使い方のヒントがたくさんあります！　ふだんは飾りなどの脇役になる食材たちが、シチリア料理では主役になるのです。

プリミ ピアッティ [Primi Piatti] ……「1番目の皿」という意味で、主に「パスタ」のこと。
米料理やスープ、そしてクスクスもプリミ ピアッティに入ります。

1. トラーパニ近郊のまぐろ産業で栄える小さな漁村、カステッラマーレ。 2. 西側にある海辺の町サンビートロ カーポ。 3. トラーパニの塩田。夏には真っ白な塩の山が並びます。 4. シチリアのうには赤くて味が濃い！ このうにで作るパスタはシチリアの名物の一つ。 5. まだ生きているほど新鮮な魚はスープ用に。 6. 魚市場に並ぶ黒まぐろ。5～6月のトラーパニ沖で獲れます。 7. シチリア最西端のトラーパニの夕日はずっと眺めていたくなるほど美しい。

グリーンのアーモンドペーストは
万能に使える

メルカートに行くと、皮つきと皮なしの生アーモンドがたくさん売られているシチリア。料理によく使うのは、皮なしの生アーモンド。本書では、皮つき生アーモンドの皮をむいて使っています。

えびとアーモンドペーストのパスタ
Pasta con gamberi e pesto di mandorla

アーモンドが名産のシチリアでは、料理にもアーモンドをふんだんに使います。ペーストはグリルした白身魚のソースとして、また白身魚に塗ってオーブン焼きにしてもおいしい。

材料（2人分）

むきえび……100g
▶食べやすい大きさに切る
オリーブオイル……大さじ1
塩……少々
[アーモンドペースト]
　皮つき生アーモンド（皮のむき方P8参照）
　　……25g
　イタリアンパセリ（葉茎ごと）……20g
　にんにく……1かけ　▶皮をむく
　レモンの皮……½個分
　　▶皮表面をおろし器ですりおろす
　レモン汁……½個分（30cc）
　オリーブオイル……大さじ5（3回に分ける）
　塩、黒こしょう……各少々

ショートパスタ……160g
パスタのゆで汁……大さじ3

作り方

1. アーモンドペーストを作る。フライパンにオリーブオイル少々（分量外）とアーモンドを入れ、アーモンドが軽く色づくまで弱火でローストする。
2. フードプロセッサーに1、イタリアンパセリ、にんにく、すりおろしたレモンの皮、オリーブオイル大さじ3を入れて（写真A）まわす。
3. 2にレモン汁とオリーブオイル大さじ2を2回に分けてスプーンで混ぜながら加える（写真B）。塩、黒こしょうで味を調える。
4. パスタを袋の表示どおりにアルデンテにゆでる（水1ℓ：塩10g分量外）。
5. フライパンにオリーブオイル大さじ1を熱し、えびを軽く炒め、塩をふる。
6. ゆで上がったパスタを5に加えて、すばやく混ぜる。3のアーモンドペーストとパスタのゆで汁を加え（写真C）、全体をかき混ぜて15秒後に火からおろす。

A. フードプロセッサーに材料を入れた状態。

B. 2回に分けて加えるのは、分離をふせぐため。スプーンでよく混ぜる。

C. パスタにすばやく混ぜる。

クックルクー
Cuccurucù

「クックルクー」は、イタリア語で「コケコッコー」という意味。
トマトの収穫が始まる初夏に登場するこのメニュー。シチリアのおうち夜ごはんの定番です。

材料（作りやすい分量）
完熟トマト……3個（500g）
　▶湯むきしてざく切り
玉ねぎ……½個（100g）
　▶粗みじん切り
溶き卵……1個分
バゲット……適量
オリーブオイル……大さじ3
塩、黒こしょう……各少々

作り方
1. フライパンにオリーブオイルと玉ねぎを入れ、しんなりするまで弱火で炒める。
2. 1にトマトを加え、中火にしてつぶしながら火を通す。水分が足りなければ、少量のぬるま湯を適宜足す。
3. トマトがきれいにつぶれて色が赤からオレンジにかわってきたら塩、黒こしょうをし、溶き卵を流し入れ、弱火にしてすばやくかき混ぜる。
4. 器に盛りつけ、食べやすい大きさに切ったバゲットを上にのせ、浸しながら食べる。

シチリアのおいしい話

メルカートで野菜や果物を買ってみよう！

Q……質問　　A……メルカート

Q こんにちは！ 玉ねぎはありますか？
　→ Buongiorno! Hai cipolle? ［ブォンジョルノ！ アイ チポッレ？］
　これをください（指をさしながら）。
　→ Vorrei questo, per favore.
　［ヴォッレイ クエスト ペル ファヴォーレ］

A もちろん！　→ Certo! ［チェルト！］

Q いくらですか？　→ Quanto costa? ［クァント コスタ？］

A 1キロ1ユーロだよ。どれくらいいる？
　→ 1 Euro al chilo. Quanto ne vuoi?
　［ウン エウロ アル キロ クァント ネ ヴォイ？］

Q そうねー 500gちょうだい。
　→ Allora…… mezzo chilo, per favore.
　［アッローラ……メッツォ キロ、ペル ファヴォーレ］

A ほら、これだよ！
　→ Ecco! ［エッコ！］

Q おまけしてくれる？
　→ Mi fai un pó di sconto? ［ミ ファイ ウン ポ ディ スコント？］

A じゃ、ちょっと多めに入れてあげるよ！ これでいい？
　→ Allora ti metto un po' di piu'！ Va bene cosi?
　［アッローラ ティ メット ウン ポ ディ ピュ！ ヴァ ベーネ コズィ？］

Q ありがとう！　→ Grazie! ［グラッツェ！］

メルカートで覚えておくと便利な食材の単位

100g → un etto ［ウン エット］
500g → Mezzo chilo ［メッツォ キロ］
1kg → un chilo ［ウン キロ］
500cc → Mezzo litro ［メッツォ リートロ］
1ℓ → un litro ［ウン リートロ］

トマトと卵ですぐできる!
シチリアの定番夜ごはん

アフリカにほど近い
トラーパニ独自のスタイル

魚のクスクス用ズッパ（スープ）によく使うのは、かさごやたい、ほうぼうなどのシチリアの近海で獲れた白身の魚。青魚は、ズッパには向きません。数種類を混ぜるとよりおいしくできます。

クスクス トラパネーゼ（魚のクスクス）
Cous cous trapanese

トラーパニは、粗びきセモリナ粉から作る手作りのクスクスがイタリアで唯一食べられる街。日本でも手軽に作れるよう、市販のクスクスで代用しています。

材料（4人分）

[魚のズッパ]

新鮮な魚（かさご、たい、ほうぼうなどの白身魚）……500g
　▶うろこ、内臓、えらをとり、冷水でよく洗う→軽く塩をふる
にんにく……2かけ　▶皮をむく
イタリアンパセリ（葉枝ごと）……5枝
皮つき生アーモンド（皮のむき方P8参照）……25g
水……50cc
玉ねぎ……½個（100g）　▶粗みじん切り
オリーブオイル……大さじ1
パッサータ（P21参照）……750cc
カイエンヌペッパー……小さじ⅓
シナモンパウダー……小さじ½
塩……小さじ1弱
黒こしょう……適量

[クスクス]

クスクス（市販）……300g
むきえび……60g　▶1.5cmに切り、塩をふる
イタリアンパセリ（葉）の粗みじん切り……小さじ1
シナモンパウダー……小さじ½
カイエンヌペッパー……小さじ¼
オリーブオイル……大さじ2～3
　（クスクスがしっとりするまで）
塩……小さじ½　黒こしょう……少々
ローリエ（乾燥）……6枚

作り方

1. 魚のズッパを作る。フードプロセッサーににんにく、イタリアンパセリ、アーモンド、水を入れてペースト状になるまでまわす。
2. 深鍋にオリーブオイルと玉ねぎを入れ、しんなりするまで炒め、1を加える。一煮立ちしたらパッサータ、カイエンヌペッパー、シナモンパウダー、塩、黒こしょう、水（分量外）を加えて中火で30分煮込む（写真A）。
3. 2に魚とひたひたの熱湯（分量外）を加えてさらに15分ほど煮る（写真B）。魚だけを取り出す。ズッパは煮つめるのではなく、サラサラになるまで適量の水（分量外）を足し、再沸騰させてこす。
4. クスクスを作る。フライパンにえびを入れて軽く炒って水分をとばし、さらにオリーブオイル小さじ1を加えて炒める。
5. ボウルにクスクスを入れ、水60cc（分量外）を少しずつ加えながら手で時計まわりに混ぜ、水分をなじませていく。
6. 5にえび、イタリアンパセリ、シナモンパウダー、カイエンヌペッパー、オリーブオイル、塩、黒こしょうを加えてやさしく混ぜ合わせる。
7. 蒸し器をあたため、ふきんを敷き、6を入れてところどころにローリエをさし込む（写真C）。最初は強火で、クスクスの上から蒸気が上がってきたら、中火にして約30分蒸す。
8. 7を別の鍋に移し、3のズッパをしっとりするまで加えて、しっかり混ぜる。ふたをして鍋ごとリネンにくるんで30分以上おき、ズッパをクスクスによく吸収させる（写真D）。
9. クスクスを器に盛りつけ、取り出しておいた魚の身をほぐしてのせ、さらにズッパをかけながら食べる。

A. 炒めた玉ねぎに1を加え、パッサータを加える。

B. 魚を加えてから、さらに15分煮る。

C. ローリエは上にのせるというよりさし込んで。

D. 鍋ごとリネンに包んでクスクスとズッパをなじませる。

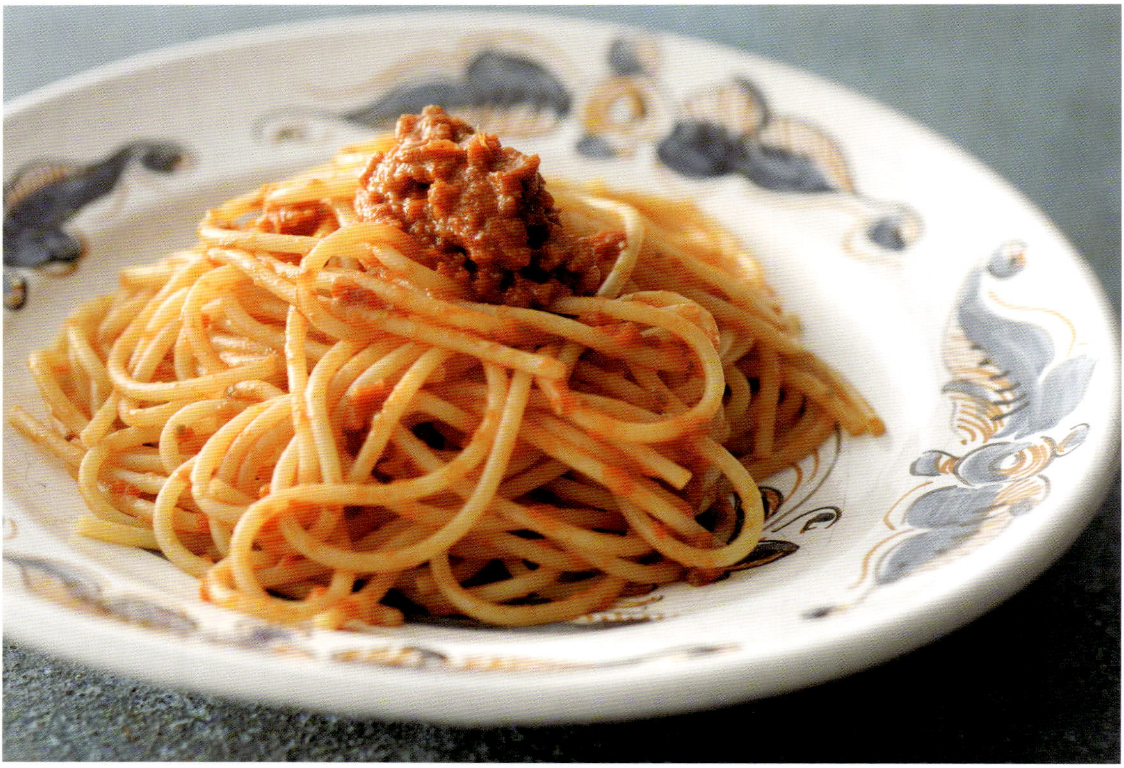

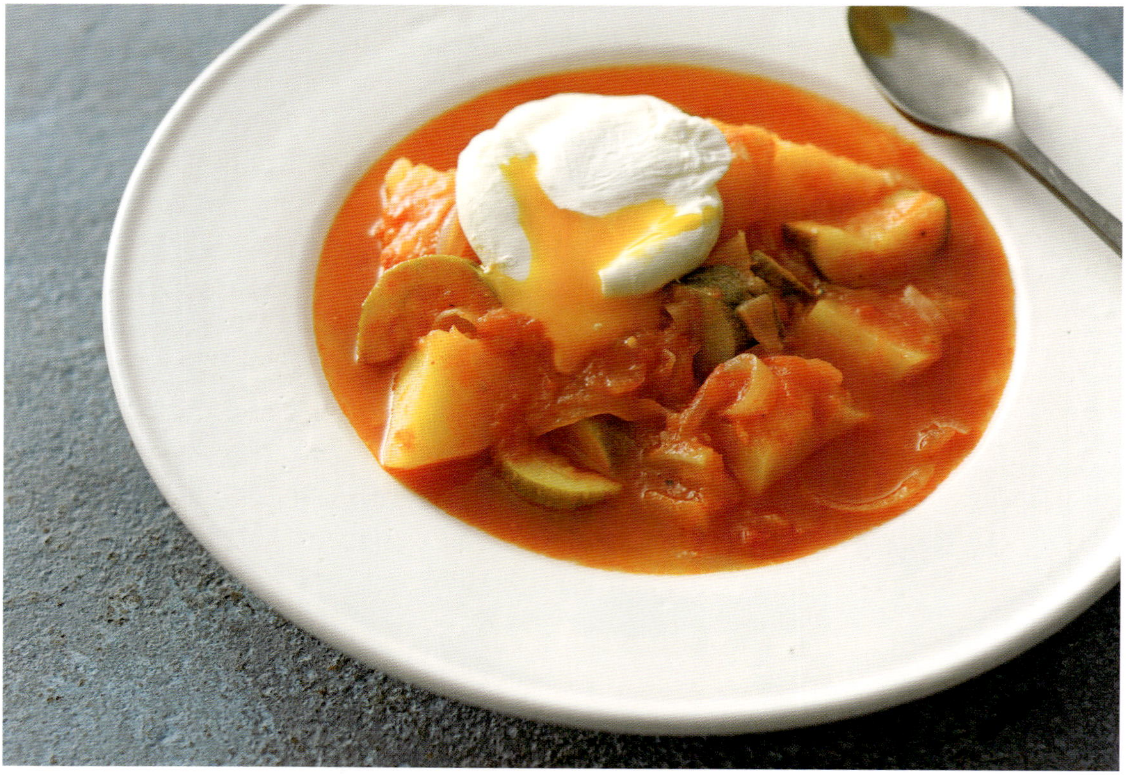

ドライトマトとケッパーのおいしいペーストのパスタ
Pasta con pesto gustoso

ドライトマトの甘みは太陽の恵み、ケッパーの力強さは地中海に吹く風の恵み、
伝統的なペーストでシチリアの味をダイレクトに感じられる一皿。
ケッパーは必ず塩漬けを使ってください。

材料（4人分）
[ドライトマトとケッパーのペースト]
　ドライトマト……30g
　　▶ひたひたの熱湯に15分つけてもどす
　塩漬けケッパー……30g
　　▶水で軽く塩を洗い流す→軽く絞る
　パッサータ（P21参照）……100cc
　オリーブオイル……大さじ2

スパゲティ……320g

作り方
1. ドライトマトとケッパーのペーストを作る。フードプロセッサーにドライトマト、ケッパー、パッサータを入れて、なめらかになるまでまわす。
2. 1をボウルにあけて、オリーブオイルを加えてよく混ぜる。
3. スパゲティを袋の表示どおりにアルデンテにゆでる（水1ℓ：塩10g分量外）。
4. ゆで上がったパスタを2に加えてよく混ぜる。

Memo→ペーストは冷蔵庫で5日間保存が可能。

大地のスープ
Ghiotta di terra con uovo in camicia

夏野菜をたっぷり使った夏のスープ。さっぱりした味つけで暑い夏でも食欲増進！
シチリアでは、暑い夏を乗り切るための滋養強壮としてこのスープにカタツムリを
入れるのが定番ですが、今回はかわりにタンパク源として卵をのせました。

材料（2人分）
じゃが芋……1個（250g）
　▶皮をむいて、一口大に切る
玉ねぎ……½個（100g）　▶薄切り
ズッキーニ……1本（200g）　▶2㎝幅の半月切り
セロリ……¼本（30g）
　▶筋をとり、2㎝長さに切る
トマト……1個（170g）　▶湯むきしてざく切り
パッサータ（P21参照）……50cc
水……適量
塩、黒こしょう……各少々
オリーブオイル……大さじ1
[ポーチ・ド・エッグ]
　卵……2個（1人1個）
　オリーブオイル（仕上げ用）……適量

作り方
1. 鍋にオリーブオイルと玉ねぎを入れ、しんなりするまで弱火で炒める。
2. じゃが芋、ズッキーニ、セロリ、トマトを入れ、塩、黒こしょうをふる。
3. パッサータとひたひたの水を加え、ふたをして中火で30分くらい煮る。
4. ポーチ・ド・エッグを作る。小鍋に湯を沸かし酢大さじ1と塩1つまみ（各分量外）を入れる。木べらなどで湯をかき混ぜ、真ん中に卵を1個ずつそっと割り入れ、白身が立ち上がったら、箸で黄身を包むようにととのえて取り出す。キッチンペーパーで余分な水分をとる。
5. 3のスープを器に入れ、ポーチ・ド・エッグをのせ、オリーブオイルをひとまわしする。

まぐろのからすみで簡単おもてなしパスタ

シチリアのおいしい話

シチリアのまぐろの保存食品

まぐろは冷凍保存ができなかった時代からいろんな方法で保存されてきました。例えば、アンティパストとしてパスタにかけて食べたりする、卵巣を使った「ボッタルガ(からすみ)」。日本ではサクになる赤身の部分は瓶詰・缶詰に。そのほか、シチリアには精巣をゆでた「ラットゥーメ」や、赤身に塩を塗って軽く燻製にした「まぐろのプロシュット」(写真右)など、まぐろを余すことなく使った珍味がたくさんあります。

まぐろのからすみパスタ
Pasta con bottarga di tonno

簡単にできるおもてなしパスタ。ポイントはオリーブオイルと水分をきちんと混ぜ合わせ、パスタのゆで汁を上手に利用すること。からすみは2度使いを!

材料（2人分）

まぐろの粉末からすみ……大さじ1
にんにく……1かけ　▶皮をむいてつぶす
赤唐辛子……½本
　▶種をとる→粗く刻むもしくは輪切り
プチトマト……5個
　▶ヘタをとり、縦に4等分にする
パスタのゆで汁
　……大さじ4（2回に分ける）
バジル（葉）……3枚　▶使う直前に手でちぎる
イタリアンパセリ（葉）の粗みじん切り
　……小さじ1
オリーブオイル……大さじ1

スパゲティ……160g
まぐろの粉末からすみ（仕上げ用）……小さじ1
オリーブオイル（仕上げ用）……適量

作り方

1. フライパンにオリーブオイルと赤唐辛子、にんにくを入れて、にんにくからいい香りがするまで弱火にかける（写真A）。
2. スパゲティを袋の表示どおりにアルデンテにゆでる（水1ℓ：塩10g分量外）。
3. 1にトマトとパスタのゆで汁大さじ2を加え、2〜3分弱火で煮る（写真B）。バジル、イタリアンパセリ、からすみ、パスタのゆで汁大さじ2を加え、スプーンでよく混ぜる（写真C）。
4. 中火にして3に2を加え、よくからませる。仕上げにからすみをふり、オリーブオイルをひとまわしする。

A. 弱火でにんにくの香りを引き出す。

B. 弱火でトマトとパスタのゆで汁で2〜3分煮る。

C. 残りの材料を加えてソースの完成。パスタとからませる。

ケッパーとアーモンドのペーストのパスタ
Pasta con pesto di capperi

ケッパーの名産地パンテッレリア島に住む家族に代々伝わるペースト。
パンに塗っても、魚のソースとしてもおいしいです。

材料（4人分）
[ケッパーとアーモンドのペースト]
塩漬けケッパー……30g
　▶水で軽く塩を洗い流す→軽く絞る
皮つき生アーモンド（皮のむき方 P8 参照）……15g
バジル（葉）……8枚
パッサータ（P21参照）……60cc
赤唐辛子……小1本　▶種をとる
オリーブオイル……大さじ3

リングイネ……320g
オリーブオイル（仕上げ用）……適量

作り方

1. ケッパーとアーモンドのペーストを作る。フードプロセッサーにペーストの材料を入れてまわす。
2. リングイネを袋の表示どおりにアルデンテにゆでる（水1ℓ：塩10g分量外）。
3. 2をボウルに入れ、1を加えてよく混ぜる。
4. 器に盛りつけ、オリーブオイルをひとまわしする。

Memo→ペーストは冷蔵庫で5日間保存が可能です。

春野菜のパスタ
Pasta con la frittedda

トラーパニに伝わる春の農民料理。そら豆やグリンピースと
同じくらいの大きさのパスタを選ぶと、全体がなじみやすくなります。

材料（2人分）

そら豆（薄皮つき）……150g ▶生のまま、薄皮をむく
グリンピース（生）……100g
新玉ねぎ……½個（100g） ▶粗みじん切り
カルチョーフィの瓶詰（オイル漬け）……4個
　▶オイルを軽く洗い流す→キッチンペーパーでふく
　→食べやすい大きさに切る
オリーブオイル……大さじ1
塩……少々　水……80〜100cc
イタリアンパセリ（葉）の粗みじん切り……大さじ1
ショートパスタ……160g
パスタのゆで汁……50cc
オリーブオイル、黒こしょう（各仕上げ用）……適量

作り方

1. フライパンにオリーブオイルと、そら豆、グリンピース、新玉ねぎ、カルチョーフィを一緒に入れ、中火にかける。
2. 野菜類に火が入りはじめたら、塩をふる。
3. 2に分量の水、イタリアンパセリを加え、弱火にして15分煮る。
4. パスタを袋の表示どおりにアルデンテにゆでる（水1ℓ：塩10g分量外）。
5. 4をフライパンに入れ、3、パスタのゆで汁を加えてあえる。器に盛りつけ、オリーブオイルをまわしかけ、黒こしょうをふる。

レモンと小えびのリゾット

まぐろとミントは伝統的な組み合わせ

まぐろとミントのラグーのパスタ

🥄 シチリアのおいしい話

伝統的なマッタンツァ漁について

シチリアの西の端トラーパニには、5月から6月にかけて黒まぐろが回遊してきます。1800年代はトラーパニ近郊でもまぐろ漁が盛んで、4つのTonnara（トンナーラ）と呼ばれる加工の工場がありました。「マッタンツァ」と呼ばれるまぐろ漁は4隻の船でまぐろを囲い込み、そこに人間が飛び降りて銛（もり）で突くという非常に危険かつ苛酷なもの。毎年、何人もの死者が出たそうです。今ではマッタンツァもほとんど行われなくなりましたが、まぐろは「海の豚」ともいわれ、すべての部位が保存食に。まぐろは今もトラーパニの人々の食卓には欠かせません。

レモンと小えびのリゾット

Risotto al limone con gamberetti

地中海に囲まれたシチリアならではのレモンたっぷりのリゾット。
ドライトマトのもどし汁をブロードのかわりに。
レモン汁の酸味とレモンの皮の爽やかな香りが食欲をかきたてます。

材料（2人分）

イタリア米……150g
むきえび……100g
　▶塩水（水1ℓ：塩10g）で軽くゆでる→水けをきる
玉ねぎ……¼個（50g）　▶みじん切り
オリーブオイル……大さじ1
白ワイン……20cc
レモン汁……20cc
ドライトマト……10g
　▶細切りにして熱湯500ccに15分つけてもどす
ドライトマトのもどし汁……適量
塩……小さじ½
レモンの皮……1個分
　▶皮表面をおろし器ですりおろす
イタリアンパセリ（葉）の粗みじん切り
　　……大さじ1
黒こしょう……少々

作り方

1. 鍋にオリーブオイルと玉ねぎを入れ、しんなりするまで弱火で炒める。
2. イタリア米を洗わずにそのまま加えたら、中火にしてかき混ぜながら、全体にオイルがしみて、米が透明にひかってくるまで炒める。白ワインを加え、アルコール分をしっかりとばす（写真A）。
3. 弱火にしてレモン汁と塩を加え、ひと混ぜする。ドライトマトと一緒にもどし汁を米のひたひたまで加える。
4. 水分がなくなってきたら、さらにドライトマトのもどし汁を少量ずつ数回に分けて加え、米の上が少し見える水分量をキープし（写真B）、かき混ぜながら米がもどし汁を吸収するまで煮る。10分ほど煮つめたら、えびを加える（写真C）。
5. 4がアルデンテになったら、レモンの皮のすりおろし⅔量分を加え、ざっくりと混ぜる。
6. 器に5を盛りつけ、好みで黒こしょうをふり、イタリアンパセリと残りのレモンの皮のすりおろしをかける。

A. アルコール分はしっかりとばして。

B. 米が少し見える水分量をキープ。

C. 写真のようになったら、えびを加えること。

まぐろとミントのラグーのパスタ
Ragù di tonno e mentuccia

まぐろ漁が盛んなトラーパニの伝統パスタです。
まぐろとミントは伝統的な組み合わせ。仕上げ用パン粉は、混ぜるだけ！
火を使わないのがポイント。

材料（2人分）

まぐろ（赤身）……150g
　▶キッチンペーパーで水けをふく → 1cm角に切る
玉ねぎ……¼個（50g）　▶みじん切り
にんにく……1かけ
　▶皮をむいてつぶす
オリーブオイル……大さじ1
塩……小さじ¼
黒こしょう……少々
白ワイン……20cc
パッサータ（P21参照）……200cc
塩漬けケッパー……大さじ1
　▶水で軽く塩を洗い流す → 軽く絞る
水……100cc
ミント（葉）……10〜15枚
　▶使う直前に手でちぎる

ショートパスタ……160g
パン粉（仕上げ用）……適量
　▶生パン粉大さじ3、にんにくのみじん切り½かけ分と、ミント（葉）の粗みじん切りをよく混ぜる
　→さらにオリーブオイル小さじ2を加えて混ぜる

作り方

1. フライパンにオリーブオイル、玉ねぎ、にんにくを入れて、にんにくからいい香りがするまで弱火で炒める。
2. 玉ねぎがしんなりしてきたら、中火にしてまぐろを加える（写真A）。塩、黒こしょうをふる。まぐろのまわりが色づく程度に炒める。
3. 白ワインを加え、強火にしてアルコール分をとばす。
4. 弱火にして、にんにくを取り出し、パッサータとケッパー、分量の水を加える（写真B）。
5. ミントを加えて、弱火で15分くらい煮込む（写真C）。煮つまったら、少量の水（分量外）を適宜足す。
6. パスタを袋の表示どおりにアルデンテにゆでる（水1ℓ：塩10g分量外）。ゆで上がったら5に加え、ソースとよくからませる。
7. 器に盛りつけ、仕上げにパン粉をパラリとかける。

A. 火かげんは中火にしてまぐろを加える。

B. パッサータ、ケッパー、水を加えたところ。

C. ラグーの煮上がり。

アンチョビとパン粉のパスタ
Pasta con acciughe e mollica

「貧乏人のパルミジャーノ」なんていわせない。
しっかりと炒ったパン粉がサクサクと香ばしい！　シチリアの州都パレルモの伝統料理です。

材料（2人分）

[炒りパン粉]（作りやすい分量）
　細びきパン粉（作り方 P10参照）……大さじ 3〜4
　黒こしょう……少々
アンチョビ……5 枚
にんにく……2 かけ　▶皮をむいてつぶす
オリーブオイル……大さじ 3
パッサータ（P21参照）……120cc
水……50cc
松の実……大さじ 1　干しぶどう……大さじ 1
リングイネ……160g
黒こしょう……適量

作り方

1. パン粉を炒る。フライパンでパン粉をこんがり色がつくまで炒め、最後に黒こしょうをふる。
2. フライパンにオリーブオイルとにんにくを入れ、にんにくからいい香りがしてくるまで弱火で炒め、アンチョビを加えて木べらでつぶす。パッサータ、分量の水、松の実、干しぶどうを加え、かき混ぜながら弱火で10分煮込む。
3. リングイネを袋の表示どおりにアルデンテにゆで（水1ℓ：塩10g分量外）、2のソースに加えて軽く煮込み、器に盛りつける。1を大さじ1〜2かける。好みで黒こしょうをふる。

えびとズッキーニのパスタ
Pasta con gamberi e zucchine

爽やかなミントの香りが食欲をそそる夏のパスタ。パスタを少なめにして冷ませば、パスタサラダに大変身。冷えた白ワインと一緒に召し上がれ！

材料（2人分）

むきえび……120g
ズッキーニ……1本（200g） ▶ 1cmの角切り
玉ねぎ……½個（100g） ▶ 粗みじん切り
にんにく……1かけ ▶ 皮をむいてつぶす
白ワイン……30cc
ミント（葉）……15枚 ▶ 手でちぎる
オリーブオイル……大さじ2（2回に分ける）
ショートパスタ……160g
塩……小さじ½
黒こしょう……少々
ミント（葉・仕上げ用）……少々 ▶ 手でちぎる
オリーブオイル（仕上げ用）……適量

作り方

1. フライパンにオリーブオイル大さじ1とにんにくを入れ、にんにくからいい香りがするまで弱火で炒める。
2. えびを加え半分くらい火が入ったら、白ワイン、ミントを加えて強火にし、汁けがなくなるまで炒めて取り出す。
3. 2のフライパンにオリーブオイル大さじ1と玉ねぎを入れ、しんなりするまで炒める。さらにズッキーニを加えて弱火で5分炒め、塩と黒こしょうで味つけする。2を戻して火を止める。
4. パスタを袋の表示どおりにアルデンテにゆで（水1ℓ：塩10g分量外）、3に加えてひと混ぜする。器に盛りつけてミントをちらし、オリーブオイルをひとふりする。

きのこと豚肉のリゾット ブロードいらず
Risotto ai funghi e carne di maiale senza brodo

ブロード（だし）の準備がなくてもできる簡単リゾット。食材を具材として、だしとしてダブル使い。ドライトマトもだしとして上手に利用しましょう。

材料（2人分）

- イタリア米……150g
- にんにく……1かけ ▶粗みじん切り
- 玉ねぎ……¼個（50g） ▶粗みじん切り
- 豚ひき肉……100g
- きのこ類（エリンギ、しめじなど）……100g
　　▶粗みじん切り
- オリーブオイル……大さじ2（2回に分ける）
- 塩……小さじ½
- ドライトマト…… 5g
- 熱湯……500〜550㏄
- 黒こしょう……適量
- イタリアンパセリ（葉）の粗みじん切り
　　……小さじ1
- パルミジャーノのすりおろし……20g

作り方

1. 厚手の鍋にオリーブオイル大さじ1とにんにく、玉ねぎを入れ、しんなりするまで弱火で炒める。
2. 強火にして豚ひき肉を加え、全体に火が通るまで炒める。きのこを加え、きのこがしんなりしてくるまでさらに炒め、塩をふる。
3. 中火にして、イタリア米とオリーブオイル大さじ1を加え、米が透明にひかってくるまで炒める。ドライトマト、熱湯を米のひたひたまで加える。熱湯は米の状態に合わせて量の調節を忘れずに。かき混ぜながら、米がアルデンテになるまで15分煮る。水分が足りなかったら、熱湯を適宜足し、米のひたひたの水分量をキープする。
4. 火からおろし、黒こしょうをふり、イタリアンパセリ、パルミジャーノを加えてよく混ぜる。

Memo→加える水分は水ではなく、温度が下がってしまうので必ず熱湯を使用すること。

シチリアのおいしい話

オリーブオイルについて

シチリア郊外をドライブしていると、いたるところで見ることができるオリーブの木。シチリアでは多くのおいしいオリーブオイルが作られています。

5月中旬に小さい可憐な花を咲かせ、6月になると小さな実をつけます。夏のギラギラとした太陽を浴びつつ育つオリーブは、9月に降る雨のあとにぐっと大きく生長します。早いところではオリーブの収穫は10月上旬に始まり、11月下旬まで続きます。オリーブオイルにはいろいろな種類がありますが、使っていただきたいのは「EXV（エキストラバージン）オリーブオイル」。「世界で唯一の、実からしぼるオイル（＝精製していないオイル）」というのは、EXVオリーブオイルに限っていえること。良質のEXVオリーブオイルには、ポリフェノール、オレイン酸などの効能により、アンチエイジングや心臓疾患の予防にも効果があることが科学的に実証されています。シチリアのオリーブオイルは、グリーンな爽やかな風味を持つのが特徴。シチリア料理に合わせるオリーブオイルはやっぱりシチリア産！　ぜひ、お好みのシチリア産オリーブオイルを探してみてください。

いそがしい日にも
作れるリゾット

手打ちパスタ ブジアーテのペースト トラパネーゼ
Busiate con pesto trapanese

トラーパニ近郊のヌビア村で栽培される、香り高いにんにくを使ったペースト トラパネーゼ。クルクル巻きの手打ちパスタのブジアーテとお約束の組み合わせ。地元の人は「にんにくパスタ」と呼んでいます。

ペースト トラパネーゼの材料（作りやすい分量）

国産にんにく（大きめ）……1 かけ　▶皮をむく
塩……小さじ ½
バジル（葉）……8 枚
皮つき生アーモンド（皮のむき方 P8 参照）
　　……30g
完熟トマト……3 個（500g）
　　▶湯むきして種をとる
オリーブオイル……大さじ 3 〜 5

Memo→フードプロセッサーやミキサーでまわすと、ほどよいつぶつぶかげんが残りません。できれば、すりつぶしてみてください。おいしさが違います。冷蔵庫で 3 日間保存が可能です。

材料（2人分）

ペースト トラパネーゼ……適量
パルミジャーノのすりおろし……適量

[ブジアーテ]
セモリナ粉……150g
水……75cc
＊水分量の目安はセモリナ粉の半量程度。ただし、粉の状態によって水分量の微調整を忘れずに。

Memo→パスタの太さは、太い、細いが入り混じっていると、ゆで上がりに差が出るので注意。使用する竹串は、長さ20〜30cm、太さ2〜3mmくらいが最適です。

作り方 [ペースト トラパネーゼ]

1. ペースト トラパネーゼを作る。モルタイオ（すり鉢）に、にんにくと塩を入れてよくすりつぶす。
2. 1 にバジルとアーモンドを加えて細かくペースト状になるまですりつぶす。さらにトマトを少しずつ加え、全体がなめらかになるまでつぶす。
3. ボウルに移して、オリーブオイルを数回に分けて加え、よく混ぜる。味を見て、塩が足りなければ適量足す。

作り方

1. ブジアーテを作る。ボウルにセモリナ粉を入れ、真ん中に分量の水を加える。セモリナ粉と水を少しずつ混ぜ、ボウルの中である程度まで混ぜる。
2. 生地を台の上に出し、生地が手につかなくなりすべすべになるまでこねる。
3. 生地を小分けにし、20cm（2mm太さ）くらいの長さに細長くのばす（写真 A）。
4. 竹串の端から端に向かって 3 を斜めにずらしながら、巻きつける（写真 B）。
5. 巻きつけたら、台の上で転がして生地をならす。竹串の上のほうを手で押さえながら、竹串を引き抜く（写真 C）。
6. 巻きがくずれないように布の上にそっと置いて乾かす。くっつかないようにセモリナ粉（分量外）をふる。
7. ブジアーテを表面がつるんとしてやわらかめになるまで 7 〜 8 分ゆでる（水 1ℓ：塩10g分量外）。水けをよくきり、ボウルに入れてペースト トラパネーゼをからませる。このときに絶対に火にかけないこと。
8. 器に盛りつけ、パルミジャーノをかける。

A. 生地を小分けにしてから、20cm長さにのばす。

B. 竹串の端から斜めに巻く。

C. 竹串をそっと引き抜く。

シチリアのおいしい話

日曜日のごちそうとテーブルセッティング

シチリアでは、日曜日は「家族の日」。ふだんは離れて暮らしている子どもたちがこぞってマンマの家に集まります。毎週日曜日は、家族が集まり、マンマの手作り料理を食べる日なのです。マンマは子どもたちのためにいつもよりちょっぴり凝った料理に腕をふるい、特別な日のための食器を準備します。イタリアでは食事の前に必ず食事用のテーブルクロスにかえ、テーブルセッティングをします。それは平日も日曜日も一緒です。ただし、食器は平日用のカジュアルなもの、日曜日用のちょっとよそゆきのもの、そしてクリスマスや復活祭（パスクワ）など重要なお祝いごと用のアンティークなものと、用途のシーンによって食器を使い分けます。

シチリアの日曜日のごちそう料理の代表といえば、「Pasta al forno（パスタのオーブン焼き）」。何段にも重ねてオーブンで焼くこの料理は、手間はかかるけれど味は極上！　いろいろなパターンがありますが、右ページにわたしが大好きな「いわしのパスタのオーブン焼き」を紹介します。

パスタのゆで方とソースの関係

「パスタ湯に塩を入れる」というけれども、さてどれくらい入れたらよいのか……？と迷ったことはありませんか？この本ではパスタをゆでるときには「100gのパスタに対して、パスタ湯（水1ℓ：塩10g）」を基本としています。大きめの深鍋に湯を沸かし、沸騰したら、塩を入れてさらに沸点を上げます。そして、もう一度沸騰してきたところでパスタを投入。再沸騰するまでは強火で、あとは表面がポコポコと静かに沸騰している程度の火かげんで、時折さっとかき混ぜながら、くっつかないようにパスタをゆでます。これは、わたしが長年パスタをゆでている中で一番おいしくゆでられる、と思った方法です。パスタ湯に塩を入れるのには、きちんと理由があります。塩には引き締め効果があり、コシのあるパスタにしてくれます。また、沸点を上げる働きもあり、なにより大事なのはパスタ自体に味をつけてくれること。塩で適度な塩味をつけておかないと、あとからどんなにソースに塩を加えても、パスタには味はつかず、ピッと引き締まった味にはなりません。逆にパスタに味がついていれば、ソースの塩の量は少量で十分。パスタのゆでかげんは、ソースや調理法によっても多少かわりますが「ほどよい歯ごたえがある＝アルデンテ」が基本。ゆで上がり後、パスタ湯はソースをからめるときの水分調整にも使えるので、水をきる前に少量残しておきましょう。

Allora caliamo la pasta！　［アッローラ　カリアーモ　ラ　パスタ！］
さあ、みなさんもパスタをゆでてみましょう！

＊caliamo［カリアーモ］はシチリア弁で「（パスタを）湯に入れる」という意味です。

いわしのパスタのオーブン焼き

材料（6人分）

いわし（開いたもの）……200g
フェンネル（葉）……100g
　▶塩水でクタクタにゆで、ゆで汁はとっておく
玉ねぎ……½個（100g）
　▶粗みじん切り
松の実……15g
干しぶどう……15g
パッサータ（P21参照）……400cc
塩……小さじ¼
黒こしょう……少々
グラニュー糖……小さじ1
ぬるま湯……100cc
溶き卵……1個分
パルミジャーノのすりおろし……大さじ3
オリーブオイル……大さじ1
ショートパスタ……400g

作り方

1. ソースを作る。鍋にオリーブオイルと玉ねぎを入れて、しんなりするまで炒めたら、いわしを加える。強火にして全体に火が入るまでつぶしながら炒め、フェンネル、松の実、干しぶどうを加える。
2. パッサータ、塩、黒こしょう、グラニュー糖、分量のぬるま湯を加え、弱火で20分煮る。
3. フェンネルのゆで汁でショートパスタをアルデンテにゆでる。
4. パスタと2の⅔量をよく混ぜ合わせ、溶き卵を加えて混ぜる。
5. バットにオリーブオイル（分量外）を塗りのばして、4、残りのソース、パルミジャーノの順に2層になるように重ねる。最後にパルミジャーノをかけ、180℃のオーブンで20〜25分焼く。

3 Secondi Piatti

ハーブ使いに特徴あり！
シチリアの
セコンディ ピアッティ

シチリアでは対面式のお店が今もたくさん残っています。新鮮な魚がずらりと並ぶ魚市場、ショーケースの大きな塊から用途に合わせて選んで切ってくれる肉屋など、そういったお店で買い物をするのが今も主流。週末ともなれば、何十年も家族のために料理を作ってきているマンマたちであふれかえります。

店先での待ち時間は、マンマやお店の人にレシピを教わる大チャンス。「豚肉を買うなら、たっぷりのオレガノとトマトペーストで煮てみなさい、これうちの秘伝の料理よ！」と、食材の使い方について、その土地の伝統料理から、それぞれの家庭の自慢レシピまで気軽に教えてくれます。

シチリアの海沿いでは、いわしやまぐろを使った魚介類の料理が、内陸部では豚肉、牛肉、羊肉、そして野菜やハーブを使った料理などが発展してきました。肉や魚の臭み消しにはミント、オレガノ、イタリアンパセリなどのハーブをたっぷりと使います。豚肉のインボルティーニ、いわしのベッカフィーコなど、シチリアならではの食材に合わせたパン粉の使い方とバリエーションについても紹介します。

●シンプルな料理が多いシチリアですが、クリスマスや復活祭（パスクワ）などの宗教行事や結婚式など、盛大な祝宴のときには比較的手の込んだ料理も多く作られます。

セコンディ ピアッティ［Secondi Piatti］……「2番目の皿」という意味で、プリミ ピアッティ（パスタ）に続く「メイン料理」のこと。

1. 中世の街エリチェ。城壁の中に広がる街は石畳が美しいです。　2. 天空の街 エリチェのノルマン城。ビーナス信仰が始まった場所と言われています。　3. ネブロディ山脈の黒豚。　4. ギリシャの遺跡セジェスタの神殿。　5. かつて「イスラムで一番美しい街」といわしめたパレルモの大聖堂。　6. 黄金のモザイクで埋め尽くされたパレルモのパラティーナ礼拝堂。　7. クストナーチ大聖堂の石で作られたモザイクの床。

シナモンパウダーで驚くほどに
肉料理がアッサリ！

アーモンド入りシチリア風ポルペッテ
Polpette alla siciliana

これは肉を使ったポルペッテ（団子）。アーモンド入りはシチリアだけです。
炒ったアーモンドとシナモンがどことなくアラブ風。
ポルペッテは魚や野菜もあり、イタリア全土で食べられます。

材料（4人分）

[ポルペッテ]
- 牛ひき肉（赤身）……200g
- 皮つき生アーモンド
  （皮のむき方P8参照）……50g
  ▶オーブンで8分ロースト
  →フードプロセッサーで粗くくだく
- イタリアンパセリ（葉）の粗みじん切り……小さじ½
- パルミジャーノのすりおろし……25g
- 卵……1個
- 牛乳……20cc
- 生パン粉……25g
- シナモンパウダー……小さじ½
- 塩……小さじ1　黒こしょう……少々
- オリーブオイル（焼き用）……大さじ1

[ソース]
- パッサータ（P21参照）……400cc
- 塩、黒こしょう……各少々
- シナモンパウダー……小さじ⅓
- 水……100cc

作り方

1. ソースを作る。鍋にパッサータ、塩、黒こしょう、シナモンパウダー、分量の水を入れ、中火で10分ほど煮込む（写真A）。
2. ポルペッテを作る。ボウルにポルペッテの材料をすべて入れ（写真B）、耳たぶくらいの固さになるまでよく練る（写真C）。手のひらをワイン（分量外）でしめらせて、直径3～4cmのボールを作る（写真D）。
3. フライパンにオリーブオイルを熱し、2の表面をこんがりと中火で焼く（写真E）。
4. 1に3を加え、ふたをして弱火で30分煮込む。

A. ソースの煮上がり。

B. ボウルにポルペッテの材料を入れる。

C. 写真のようになるまでよくこねる。

D. ボールを作るときは手のひらをワインでしめらせて。

E. 中まで完全に火を通す必要はない。

牛肉のカツレツ パレルモ風
Cotoletta alla palermitana

たっぷりのパルミジャーノとイタリアンパセリが入った、衣がちょっと厚めのカツレツは、地味なのにおいしい。レストランでは食べることができない、シチリアのマンマの味の代表格。卵に牛肉を浸すことで衣がはがれにくくなります。

材料（2人分）

牛肉（ヒレ肉もしくはもも肉、5mm幅）
　……4枚（300g）
卵……2個
[衣]
　細びきパン粉（作り方P10参照）……60g
　イタリアンパセリ（葉）の粗みじん切り
　　……小さじ2
　パルミジャーノのすりおろし……25g
オリーブオイル（焼き用）……適量
レモン……½個

作り方

1. 肉は軽くたたき、5mmくらいの厚さにのばす。
2. ボウルに卵を溶き、1を入れて5分浸す。
3. 衣を作る。材料をすべて混ぜ合わせる。
4. 2から肉を取り出し、3をまぶす。
5. フライパンに1cm深さまでオリーブオイルを入れて170℃に熱し、4を焼き揚げるようにこんがりと焼く。
   ＊オイルが足りないようなら適宜足す。
6. 油をよくきり、器に盛りつけ、レモンを添える。

Memo→衣と卵が余ったら、混ぜ合わせてフリッテッレをどうぞ！ 水分が足りなかったら牛乳を少々加えて、やわらかすぎるようなら細びきパン粉を足してください。残ったオリーブオイルで焼くように揚げるだけ。

シチリアのおいしい話

Limoncello [リモンチェッロ]

冬になるとたわわに実るレモンの木。ミネラル分をたっぷりと含んだシチリアのレモンは酸味がやわらかく、皮は爽やかなシチリアの香り！ 毎年山盛りにいただくレモンはリモンチェッロにして一年中シチリアの香りをたのしみます。保存は冷凍庫で。アルコール度数が高いので凍りません。少し水で割ってグラニータ風にしても美味。

材料（1ℓ分）

無農薬レモン……5個
お酒（スピリタス・ウォッカなどアルコール度数95％のもの）……500cc
水……500cc　グラニュー糖……500g

作り方

1. レモンは水で洗い、ふきんで水けをよくふく。
2. 果皮（黄色い部分のみ）をむく。白い部分は苦みが出るため、できるだけとり除く。
3. 煮沸消毒した口の広い瓶にレモンの皮とアルコールを入れて30日、アルコールが濃いレモン色になるまでつける。
4. シロップを作る。鍋に分量の水とグラニュー糖を入れて、木べらでときどきかき混ぜながら、グラニュー糖が完全に溶けるまで火にかける。
5. グラニュー糖が溶けたら、火を止めてそのまま完全に冷ます。
6. 3の瓶にシロップを加え、24時間おく。皮をこして煮沸消毒をした保存用のボトルに入れる。

レモンの皮だけで、こんなにきれいな色になります。

シチリアのマンマの味

コツはさばをレモン汁で
マリネすること

さばのトマト煮 オレガノ風味
Sgombro lardiato

シチリアを代表する香り、乾燥オレガノをたっぷりと使ったトラーパニの伝統料理。
さばはレモンでマリネすることでさっぱり。さばにソースがしっかりからまるまで煮込みます。

材料（2人分）

さばの切り身……2切れ
レモン汁……½個分（30cc）
薄力粉……適量
にんにく……2かけ ▶みじん切り
トマトの水煮（ダイス缶）……400g
塩……小さじ1
オリーブオイル……適量
乾燥オレガノ……大さじ1

作り方

1. さばはレモン汁で10分マリネする。
2. 1の水けをキッチンペーパーでふき、薄力粉をまぶす。
3. ボウルににんにく、トマトの水煮、塩を入れてよく混ぜる。
4. フライパンに5mm深さまでオリーブオイルを入れて熱し、さばの両面に焦げ目がつく程度に中火で焼く。余分な油はふきとる。
5. 3を焼いたさばの上にのせるように加え、弱火で15分煮込む。
6. 火を止める直前にオレガノを手でもみながら加える。

鶏肉のグリル オレガノ風味
Petto di pollo alla griglia con origano

シチリアのマンマが忙しいときに作る定番料理。オレガノをつけて焼くだけなのにあら不思議、
鶏肉がシチリアの味に大変身！ 最後にたっぷりのレモン汁を絞りましょう。

材料（2人分）

鶏胸肉……2枚
塩、黒こしょう……各少々
オリーブオイル……大さじ1
乾燥オレガノ……小さじ1
レモン……½個

作り方

1. 鶏肉の両面に塩、黒こしょうをふり、オリーブオイルをまぶす。オレガノを手でもみながらふりかける。
2. フライパンを熱し、1の両面をしっかりと中火で焼く。
3. 器に盛りつけ、レモンを絞る。

いわしのアッリングアーテ

かじきのグリル　サルモリッリオソース

いかの香草パン粉オーブン焼き

まぐろのアグロドルチェ

いわしのアッリングアーテ
Sarde allinguate

いわしを開いて揚げた形が舌（lingua=リングア）に似ていることからこの名前がつきました。セモリナ粉の衣がサクサクとしたトラーパニ伝統料理。

材料（4人分）
いわし（開いたもの）……300g
レモン汁……1個分（60cc）
セモリナ粉……50g
オリーブオイル（揚げ用）……適量
塩……少々
レモン……¼個

作り方
1. バットにいわしを並べ、レモン汁を加えて10分マリネする。
2. いわしの汁けをきって、セモリナ粉を軽く押しつけて両面にまぶす。
3. フライパンに1cm深さまでオリーブオイルを入れて180℃に熱し、2をからりと揚げる。
4. 器に並べて塩をふり、レモンを添える。

かじきのグリル サルモリッリオソース
Grigliata di pesce spada con salmoriglio

サルモリッリオソースはドレッシングとして万能に使えます。野菜、肉、魚のソースにどうぞ。かじきが手に入らない場合は、たいやすずきなどの白身魚でも作れます。

材料（2人分）
かじきの切り身（1cm幅）……2枚
塩、黒こしょう……各少々
オリーブオイル……小さじ1
[サルモリッリオソース]
　水……30cc
　レモン汁……½個分（30cc）
　塩……小さじ¼
　黒こしょう……適量
　オリーブオイル……50cc
　にんにく……1かけ ▶みじん切り
　イタリアンパセリ（葉）の粗みじん切り……大さじ1
　乾燥オレガノ……小さじ1

作り方
1. サルモリッリオソースを作る。ボウルに分量の水、レモン汁、塩、黒こしょうを混ぜ合わせる。
2. 1にオリーブオイルを少量ずつ加えて混ぜ、しっかりと乳化させる。
3. にんにく、イタリアンパセリを加え、オレガノを手でもみながら加えて混ぜる。
4. かじきに塩、黒こしょうをふる。
5. フライパンにオリーブオイルを熱し、かじきの両面を軽く焦げ目がつく程度に中火で焼く。
6. 器に盛りつけ、焼きたてにサルモリッリオソースをかける。

Memo→ソースは冷蔵庫で3日間保存が可能です。

いかの香草パン粉オーブン焼き
Calamari impanati al forno con i profumi del mediterraneo

ザクッとした細びきパン粉の衣の食感が心地よい。
香草入りパン粉をまぶしてオーブンで焼くだけ。小さめでやわらかめのいかで作ってください。

材料（2人分）

やりいか……小 3 ばい
　　▶いかの足をはずして内臓をとり、水で軽く洗って水けをふく
　　→食べやすい大きさに切る
塩、黒こしょう……各適量
オリーブオイル……適量
［衣］
　細びきパン粉（作り方 P10参照）……50g
　にんにく……1 かけ　▶みじん切り
　イタリアンパセリ（葉）の粗みじん切り……大さじ 1
　乾燥オレガノ……小さじ 1
　パルミジャーノのすりおろし……大さじ 2

作り方

1. いかに塩、黒こしょうをふり、オリーブオイルをまぶす。
2. ボウルに衣の材料をすべて入れて、よく混ぜる。
3. 1 に 2 の衣を軽く押しつけながら、よくまぶす。
4. オーブン皿に並べて、上からオリーブオイルを軽くかける。
5. 180℃のオーブンで 8 分程度、軽く焦げ目がつくまで焼く。

まぐろのアグロドルチェ
Tonno in agrodolce

できたてでも冷やして食べてもおいしい！　まぐろの甘酸っぱいマリネ。
季節によって赤玉ねぎが手に入らなければ、玉ねぎを炒めて赤ワインを加えたもので。

材料（2人分）

まぐろ（赤身）……200g　▶1cm幅に切る→キッチンペーパーでしっかり水けをふく
塩……少々
薄力粉……適量
オリーブオイル……大さじ 1
白ワイン……30cc
［マリネ液］
　赤玉ねぎ……1 個（200g）
　　　▶半割りにして、5 mm幅の薄切り
　オリーブオイル……大さじ 1
　塩……小さじ ¼
　白ワインビネガー……50cc
　グラニュー糖……大さじ 1

作り方

1. まぐろに軽く塩をふり、薄力粉をまぶす。
2. マリネ液を作る。フライパンにオリーブオイルを熱し、赤玉ねぎをしんなりするまで炒める。塩、白ワインビネガー、グラニュー糖を加えてさらによく炒める。
3. 別のフライパンにオリーブオイルを熱し、1 を入れて強火で表面に焦げ目がつく程度に焼く。白ワインを加え、強火にしてアルコール分をとばす。弱火で 2〜3 分煮る。
4. 3 のまぐろの上に 2 をのせ、ふたをして弱火で 2〜3 分煮る。
5. 器にまぐろを盛りつけ、さらにマリネ液をかける。

いわしのベッカフィーコ
Sarde a beccafico

ケッパーやアンチョビが入ったシチリア伝統バージョンと、オレンジの香りが爽やかなマンマバージョンを紹介します。詰めものが違うだけで印象がまったく異なります。

伝統バージョンの材料（4人分）

片口いわし（開いたもの）……200g
[詰めもの]
　細びきパン粉……50g
　アンチョビ……2枚　▶みじん切り
　塩漬けケッパー……10g
　　▶水で軽く塩を洗い流す→軽く絞る→みじん切り
　ブラックオリーブの塩水漬け（種なし）
　　……10g　▶みじん切り
　イタリアンパセリ（葉）の粗みじん切り
　　……小さじ1
　松の実……10g　干しぶどう……10g
　レモン汁……½個分（30cc）
　塩、黒こしょう……各少々
　オリーブオイル……大さじ2
レモンのスライス……½個分
ローリエ（乾燥）……適量
オリーブオイル（仕上げ用）……適量

マンマバージョンの材料（4人分）

片口いわし（開いたもの）……200g
[詰めもの]
　オレンジの皮と果汁……½個分
　イタリアンパセリ（葉）の
　　粗みじん切り……大さじ1
　パルミジャーノのすりおろし……15g
　松の実……15g　干しぶどう……15g
　塩……小さじ¼　生パン粉……50g
オレンジのスライス……½個分
細びきパン粉……適量
グラニュー糖……小さじ¼

作り方[伝統バージョン]

1. 詰めものを作る。フライパンに細びきパン粉とオリーブオイル大さじ1を入れて、混ぜながらこんがりと色づくまで中火で炒め、取り出す。
2. 1のフライパンにオリーブオイル大さじ1を熱し、アンチョビを溶かすように炒める。1を戻し入れ、ケッパーから干しぶどうまでを加えて混ぜ合わせ、火を止める。レモン汁を加えて塩、黒こしょうをふり、混ぜ合わせる。
3. オーブン皿にオリーブオイル（分量外）を薄く塗る。
4. いわしをまな板の上に広げ、2の詰めものを軽くにぎって手前にのせ、クルクルと巻く。オーブン皿に並べていく（写真A）。
5. いわしといわしの間にレモンのスライスとローリエを挟む（写真B）。
6. 残った詰めものをいわしの上にかけ、オリーブオイルをひとまわしする（写真C）。
7. 180℃のオーブンで15分焼く。

A. 尾が上にくるように。
B. いわしの間にローリエとレモンを挟む。 
C. 焼く前にオリーブオイルをひとまわし。 

作り方[マンマバージョン]

1. 詰めものを作る。ボウルに材料を入れて混ぜ合わせる。
2. オーブン皿にオリーブオイル（分量外）を薄く塗る。
3. いわしをまな板の上に広げ、1の詰めものを軽くにぎって手前にのせ、クルクルと巻く。オーブン皿に並べていく。
4. いわしといわしの間にオレンジのスライスを挟む。
5. いわしの上に細びきパン粉、グラニュー糖をふりかけ（写真D）、オリーブオイル（分量外）をひとまわしする。
6. 180℃のオーブンで15分焼く。

D. パン粉とグラニュー糖をかける。

伝統バージョン　　　　　　　　　マンマバージョン

パン粉を巻いてボリュームアップ

ミントはふんだんに

農園のインボルティーニ
Involtini del fattore

養豚（シチリア古来種）が盛んなシチリア島北部にあるネブロディ山脈に伝わる料理。
材料は山でとれるものばかり。ミントをたっぷりと加えるのがポイントです。

材料（4人分）

豚肉ももスライス……12枚
[詰めもの]
 生パン粉……40g
 ドライトマト……20g
  ▶ひたひたの熱湯で15分もどす→せん切り
 ロースハム……50g　▶5mm角に切る
 チーズ（カチョカヴァッロなど溶けるタイプのセミハード系）……60g　▶5mm角に切る
 くるみ……20g　▶粗みじん切り
 ブラックオリーブの塩水漬け（種なし）……8個　▶粗みじん切り
 干しぶどう……20g
 オリーブオイル……大さじ4
薄力粉……適量
グリンピースの水煮……200g
オリーブオイル……大さじ2
塩……小さじ1
黒こしょう……適量
白ワイン……50cc
ミント（葉）の粗みじん切り……適量

作り方

1. 詰めものを作る。ボウルに材料をすべて入れてよく混ぜ合わせる。
2. 豚肉をまな板の上に広げ、1の詰めものを軽くにぎって手前にのせ、クルクルと巻く（写真A）。
3. 両端を内側にしっかりと巻き込む（写真B）。薄力粉をまぶし、とじ目を楊枝でとめる。
4. フライパンにオリーブオイルを熱し、3に軽く焼き色がつくまで焼く。塩、黒こしょうをふる。
5. 白ワインを加え、強火にしてアルコール分をしっかりとばす。
6. インボルティーニの1/3の高さまでの水とグリンピースを加え、ふたをして中火で5分煮る（写真C）。器に盛り、ミントをふんだんに加える。

A. 豚肉からはみ出さないくらいの量で。

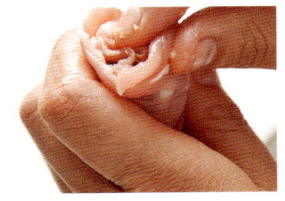

B. 詰めものが出てこないようしっかりと巻き込む。

C. 煮上がりはこれくらい。

ストリートフードといわれる
シチリアのＢ級グルメ

Ｂ級グルメの花形 揚げおにぎり

アランチーネ

ふんわり、しっとりのおつまみパン

パレルモ風 スフィンチョーネ

シチリアのおいしい話

B級グルメに出会いにパレルモの市場へ

「パレルモ人の胃袋」ともいわれるバッラロ市場。ここでは「ストリートフード」といわれるB級グルメをたのしむことができます。

かつて貴族と庶民との差が激しかったシチリア。ストリートフードは、庶民のスナックとして市場で発達してきました。このページの2品もその仲間。その他、ひよこ豆の粉を水で練って固めたものをスライスして揚げた「パネッレ」、マッシュポテトにイタリアンパセリを入れて揚げたシチリア版コロッケ「クロケ ディ パターテ」、羊の腸で長ねぎをグルグル巻きにしてグリルで焼いた「スティッギョーラ」、牛の脾臓を油で煮てパンに挟んだ「パーネ カ メウサ」……などなど。市場のところどころに出没するストリートフードの屋台からは食欲をそそられる匂い。さあ、おなかを空かせて市場に行ってみてください！

アランチーネ
Arancine

シチリア名物ライスコロッケ！
定番の丸形のラグー入り、えんすい形のハム＆チーズ入りの2種類を紹介します。

材料（直径6cmのアランチーネ5個分）

[ベースの米]
- イタリア米……150g　バター……5g
- 水……450cc　サフラン……少々
- 塩……5g　黒こしょう……少々

[ラグー]（作りやすい分量）
- 牛ひき肉（赤身）……100g
- オリーブオイル……大さじ1
- 玉ねぎ……¼個（50g）▶みじん切り
- パッサータ（P21参照）……100cc
- ぬるま湯……20cc
- グリンピースの水煮（缶詰）……20g
- 塩……小さじ½　黒こしょう……少々
- パルミジャーノのすりおろし……15g

[ハムチーズ]
- ハム……20g　チーズ……20g

[衣]
- 薄力粉……適量　溶き卵……適量
- 細びきパン粉……適量
- サラダ油（揚げ用）……適量

作り方

1. 米を煮る。鍋に分量の水、バター、サフラン、塩、黒こしょうを入れて火にかけ、バターが溶けて沸騰したら、イタリア米を加える。
2. 焦げつかないようにかき混ぜながら、水分がなくなるまで15〜20分煮る（写真A）。バットに移して冷ます。
3. ラグーを作る。フライパンにオリーブオイルを入れ、玉ねぎをしんなりするまで弱火で炒める。
4. 3に牛ひき肉、塩、黒こしょうを加えて肉の色がかわるまで強火で炒める。
5. パッサータ、分量のぬるま湯、グリンピースを加え、水分をとばすようにかき混ぜながら10分くらい、中火で煮つめる（写真B）。火からおろしてパルミジャーノを加え、バットに移して冷ます。
6. 丸形に成形する。手に水をつけて2の米をのせ、親指で真ん中にくぼみを作る。くぼみにラグーを適量入れ、まわりを四方から押さえる（写真C）。ラグーがとびださないように上に1つかみの米でふさぎ、おにぎりをにぎる要領で丸める（写真D）。
7. えんすい形に成形する。丸形と同じように手に水をつけて2の米をのせ、親指で真ん中にくぼみを作る。ラグーと同様にハムとチーズを入れてふさぎ、おにぎりをにぎる要領で丸め、下をすぼめながら細くする（写真E）。
8. 薄力粉をまぶし、溶き卵にくぐらせてパン粉をまぶす。
9. 180℃のサラダ油でこんがりと揚げる。

A. アランチーネ用のお米のでき上がりはこれくらいが目安。

B. ラグーの煮上がり。パルミジャーノを加える。

C. 手のひらのくぼみに米、ラグーをのせて四方から押さえる。

D. おにぎりをにぎる要領で。

E. えんすい形は、にぎるときに下をすぼめる。

パレルモ風 スフィンチョーネ
Sfincione palermitano

たっぷりと水分を加えたパン生地はフワフワした焼き上がり。
シチリアではアペリティーヴォ（食前酒）のお供に欠かせない一品です。

材料（25cm×25cmのバット1枚分）

[パン生地]
薄力粉……150g
セモリナ粉……150g
生イースト……8g
　▶大さじ2のぬるま湯に溶かす
オリーブオイル……大さじ1
塩……8g
グラニュー糖……8g
ぬるま湯……300cc

[仕上げ用具材]
パッサータ（P21参照）……100cc
アンチョビ……5枚　▶みじん切り
にんにく……2かけ　▶みじん切り
イタリアンパセリ（葉）の粗みじん切り
　……小さじ1
パルミジャーノのすりおろし……大さじ1
細びきパン粉……小さじ1
乾燥オレガノ……小さじ1/2
塩……適量
黒こしょう……少々

作り方

1. ボウルに薄力粉とセモリナ粉を入れ、よく混ぜ合わせる。生イーストを加えて混ぜる。
2. 残りのパン生地の材料を1に加えて、手で時計まわりによく混ぜる。
3. さらに奥から手前に、ボウルのふちにたたきつけるようにしてこねる（写真A）。
4. イーストの発酵が始まり、ポコポコと気泡が見えてきたら（写真B）、オリーブオイル（分量外）を塗ったバットに生地を流して、手を水でぬらしながら薄くのばす。
5. 上にパッサータ、アンチョビ、にんにく、イタリアンパセリ、パルミジャーノ、細びきパン粉、オレガノを順にのせる（写真C）。
6. ぬれたふきんをふんわりとかけて、2倍になるくらいまで約1時間あたたかい場所で発酵させる（写真D）。
7. 180℃のオーブンで10〜15分焼く。
8. 粗熱がとれたら、バットから取り出して好みの大きさに切り分ける。好みで塩、黒こしょうをふる。

A. ボウルの奥から手前にたたきつけるようにこねる。

B. 気泡が見えてくると、発酵が始まった合図。

C. 発酵前。

D. 発酵後。2倍くらいを目安に。

佐藤礼子
Reiko Sato

東京都生まれ。イタリア料理人・イタリア菓子職人を経て、洋菓子の商品開発やカフェレストランの店舗企画などに従事。2004年イタリアに渡り、スローフード協会がコーディネートする料理学校に通い、イタリア全土の郷土料理を学ぶ。2005年からはシチリア島の最西端トラーパニに住む。地元の人との交流を深めつつシチリアの食文化、郷土菓子や郷土料理を研究しながら、食に関する旅のコーディネートや通訳などで活躍している。シチリアと日本の両方で開催する料理教室も常に人気。2012年イタリア政府公認オリーブオイルテイスターを取得。シチリアの一番好きな季節は「初夏（シチリアでは5〜6月）」。アプリコット、プラムなど、シチリアの太陽をたっぷり浴びたフルーツがメルカートにたっくさん！

シチリアでシチリア料理を学ぶ ラ ターボラ シチリアーナ http://www.tavola-siciliana.com/
シチリア時間 Blog2 http://trapani2.exblog.jp/　シチリア食通信 http://cucisici.exblog.jp/

ブックデザイン	岡本 健＋金光春佳 [okamoto tsuyoshi+]
撮影	料理写真：青砥茂樹 [本社写真部]、シチリア写真：佐藤礼子
スタイリング	城 素穂
イラスト	片塩広子
料理補助	山内千夏、田中紀子、平田万里子、宮川和子
企画・編集	やぎぬまともこ
食器協力	デ・シモーネ陶器輸入・販売 ジラソーレ　03-3712-6810　http://negozio-girasole.com ceramica spumo　www.ceramicaspumo.com
食材協力	料理人と生産者をつなぐ小さなネットワーク（無農薬レモン、フルーツトマト、ハーブ類）

講談社のお料理BOOK
イタリアで一番おいしい家庭料理
シチリアのおうちレシピ

2012年 8月24日　第1刷発行
2018年 12月 3日　第4刷発行

著者　佐藤礼子
発行者　渡瀬昌彦
発行所　株式会社 講談社
　　　〒112-8001 東京都文京区音羽2-12-21
　　　電話　編集　(03)5395-3529
　　　　　　販売　(03)5395-4415
　　　　　　業務　(03)5395-3615

印刷所　NISSHA株式会社
製本所　株式会社若林製本工場

©Reiko Sato 2012, Printed in Japan

落丁本・乱丁本は、購入書店名を明記のうえ、小社業務あてにお送りください。送料小社負担にてお取り替えいたします。なお、この本についてのお問い合わせは、生活文化あてにお願いいたします。本書のコピー、スキャン、デジタル化等の無断複製は著作権法上での例外を除き禁じられています。本書を代行業者等の第三者に依頼してスキャンやデジタル化することはたとえ個人や家庭内の利用でも著作権法違反です。

定価はカバーに表示してあります。
ISBN978-4-06-299568-9